日汉对照

日本楽々読むの近代文学

日本近代文学关键词

——流派·作家·作品

吉留杉雄 王 岗 方 韵 编著

东南大学出版社
·南京·

图书在版编目(CIP)数据

日本近代文学关键词：流派·作家·作品：日文/(日)吉留杉雄，王岗，方韵编著. —南京：东南大学出版社，2012.12

ISBN 978-7-5641-3986-5

Ⅰ.①日… Ⅱ.①吉… ②王… ③方… Ⅲ.①日语—阅读教学—高等学校—教材 ②文学史—日本—近代 Ⅳ.①H369.4：Ⅰ

中国版本图书馆CIP数据核字(2012)第302113号

日本近代文学关键词——流派·作家·作品

编　著	吉留杉雄　王岗　方韵	责任编辑	刘　坚
电　话	(025)83793329/83362442(传真)	电子邮箱	liu-jian@seupress.com
出版发行	东南大学出版社	出版人	江建中
地　址	南京市四牌楼2号	邮　编	210096
销售电话	(025)83793191/83794561/83794174/83794121/83795801/83792174 83795802/57711295(传真)		
网　址	http://www.seupress.com	电子邮箱	press@seupress.com
经　销	全国各地新华书店	印　刷	南京玉河印刷厂
开　本	718mm×1005mm　1/16	印　张	13.25
字　数	259千字	印　数	1—3000册
版　次	2013年1月第1版		
印　次	2013年1月第1次印刷		
书　号	ISBN 978-7-5641-3986-5		
定　价	26.00元		

* 未经许可，本书内文字不得以任何方式转载、演绎，违者必究。
* 本社图书若有印装质量问题，请直接与营销部联系。电话：025-83791830。

前　　言

作为一个日本文学的普通爱好者，在浏览日本近代文学史的过程中，可能都会有一丝不爽：那些作家、作品的名字用日语应该怎样读。对这样一个小困惑，很遗憾，目前已出版的相关著作大多不能为我们解惑。之所以出现这样的情况，是因为这些著作主要面向专业人士而写，自然就不会去做对作家姓名标注日语读音这样过于基础的工作。

本书则不是这样，因为其编写初衷就是服务于一般的日语学习者和日本文学爱好者，所以本书在以下几方面做了一些创意，以使读者轻松阅读，寓学于乐。

（一）日语表达简单明了。相比此前的日语版的日本近代文学相关著作，本书尽量避用一些生僻、晦涩的表达形式，从而保证了日语通俗易懂。

（二）汉字读音标注清晰。不仅作家、作品名，书中较难读的日语汉字全都标上了读音，以方便读者阅读和学习。

（三）日汉对译相得益彰。考虑到读者的日语程度，本书摒弃当初全日语写作的设想，采用了日汉对译这种比较新颖的编写形式，在方便读者对内容理解的同时，还能通过原文与译文的比较，让读者学习到很多日语表达，从而间接提升自己的日语水平。

（四）作家作品面面俱到。此前关于日本近代文学的著作中，都会或多或少地提到作家及其代表作品，但却少有融作家生平、作家思想、作品特色及作品评介等为一体的书籍。而本书则涉及了这些方面，同时还对作家所属的各文学流派进行了归纳和总结，力求用最简单平易的方式勾勒日本近代文学的整体特色。

（五）添加索引便于查读。本书不仅对书中较有特色的日语词语做了解释，同时还将它们及书中作家作品名、文学流派等分别做成了索引附于书后，以供读者轻松查找。

所有这些创意都是从普通读者的视角出发的，因此希望读者朋友看完本书后能够觉得充实而愉悦。当然，本书编者并不是日本文学的研究者，所以书中或有不够严谨及疏漏之处，在此恳请读者朋友批评指正。

编者
2012 年 12 月 10 日

はじめに

　本書は日本近代文学に関心のある中・上級日本語能力者のために執筆したものです。

　明治のはじめより今日までの文学を通して、その一部を紹介し、作者が生きた時代の世相や社会生活やもろもろの場における人間関係に、文学がどのように作用したかを知り、また、文学者が時の政治政策により、思想、教育、文化面も含めて、どのように関わったかを知ることによって、自分は如何に生きるべきかを考える一助となるように書いたものです。

　文学は面白いだけでなく、ドキュメンタリーや恋愛物語、生活のよろこびや苦しみ、貧しさとの戦い、正義と不実、思想、表現の自由が弾圧された人の過酷な現実を理解し、弱者の物語に読者は怒りと悲しみに震え涙を注ぐものである。法と勝者は必ずしも人道的ではないことがある。そのような中で文学はもろもろの時代の現実を描き年月を超えて、花を咲かせているのである。

　文学は人の認識を変え、国家政策と良心を呼び起こす力を持っている。

　日本人の姿を知るためには、歴史はもとより日本近代文学を通して広く深く視野を広めることができる。ささやかではあるがこの本を通じて、日本文学を多少は理解していただけると思う。

　日本には文学を奨励するために色々の賞があるが、20歳以下の女流文学者（芥川賞）が2人も出たことは近年には珍しく、文学の発展のためにも頼もしい限りである。

　文学によって世界を知り自分の古い知識に終りを告げて、新しい人生を育むために少しでも役立てば幸いである。

目　　次

第一章　明治時代の文学

第一節　日本近代文学の成立 …………………………………… 1
　　一、近代文学の芽生え ………………………………………… 1
　　二、自由民権運動と政治小説 ………………………………… 2
　　三、坪内逍遥 …………………………………………………… 8
　　四、二葉亭四迷 ………………………………………………… 11
　　五、北村透谷 …………………………………………………… 15
　　六、尾崎紅葉と硯友社 ………………………………………… 17
　　七、樋口一葉 …………………………………………………… 21
第二節　浪漫主義文学 …………………………………………… 26
　　一、幸田露伴 …………………………………………………… 29
　　二、徳富蘆花 …………………………………………………… 31
　　三、与謝野晶子 ………………………………………………… 35
第三節　自然主義文学 …………………………………………… 40
　　一、島崎藤村 …………………………………………………… 42
　　二、田山花袋 …………………………………………………… 46
　　三、国木田独歩 ………………………………………………… 50
　　四、長塚節 ……………………………………………………… 52
　　五、徳田秋声 …………………………………………………… 54
第四節　森鷗外と夏目漱石 ……………………………………… 57
　　一、森鷗外 ……………………………………………………… 57
　　二、夏目漱石 …………………………………………………… 69
第五節　反資本主義文学 ………………………………………… 76
　　一、木下尚江 …………………………………………………… 77
　　二、石川啄木 …………………………………………………… 79

第二章　大正・昭和時代の文学

- 第一節　大正・昭和時代 …… 81
- 第二節　耽美派の文学 …… 83
  - 一、永井荷風 …… 84
  - 二、谷崎潤一郎 …… 86
- 第三節　白樺派の文学 …… 90
  - 一、武者小路実篤 …… 92
  - 二、志賀直哉 …… 94
  - 三、有島武郎 …… 98
- 第四節　新思潮派の文学 …… 101
  - 一、芥川龍之介 …… 101
  - 二、菊池寛 …… 110
- 第五節　プロレタリア文学 …… 112
  - 一、『種蒔く人』 …… 112
  - 二、『文芸戦線』とナップの時代 …… 114
  - 三、主な作家と作品 …… 115
    - （一）葉山嘉樹 …… 116
    - （二）黒島伝治 …… 119
    - （三）小林多喜二 …… 123
    - （四）宮本百合子 …… 130
- 第六節　新感覚派の文学 …… 137
  - 一、横光利一 …… 139
  - 二、川端康成 …… 142
- 第七節　他の作家と作品 …… 147
  - 一、井上靖 …… 147
  - 二、中島敦 …… 150
  - 三、太宰治 …… 155
  - 四、大岡昇平 …… 159
  - 五、林芙美子 …… 162
  - 六、石川達三 …… 164
  - 七、三島由紀夫 …… 166

あとがき …… 169
参考文献 …… 170
作家・作品・文学流派索引 …… 174
注釈語句索引 …… 191
附録：俳句　散策 …… 200

第一章

明治時代の文学

第一節　日本近代文学の成立

一、近代文学の芽生え

　日本の近代文学は、明治維新後をもって、西洋文学の影響を受けながら始まるのが普通である。

　近代文学を見るに、古代以来の漢詩と和歌、人情本、歌舞伎の様々な文学の流れは明治後もおおむね引き継がれている。また西洋文学も多く流れこみ、原文が主に翻訳され影響した。あわせて、新しい文学を求める動きがあり、明治18(1885)年には坪内逍遥が『小説真髄』を発表して、政治や道徳にとらわれない人情や世

　一般認为日本的近代文学是明治维新后、在西方文学影响下开始的。

　观察日本的近代文学,(可知)进入明治以后,日本古代的汉诗、和歌、通俗小说、歌舞伎等各种文学流派大体上还是被承传下来。而同时,西方的文学(作品)也大量流入日本,对这些著作的翻译、介绍也(给日本的近代文学)带来了影响。此外,这一时期还出现了追求新文学的倾向,明治18年(1885年)坪内逍遥发表了《小说神髓》,提倡真实描写不受政治、道德束

相を、ありのままに描く写実主義を唱えた。この理論は言文一致体(口語体)で書かれた二葉亭四迷の『浮雲』によって実践された。ここに日本近代文学が出発したと言える。

明治30年代(1897年)には、欧米化の反動として、古典が尊重されて、尾崎紅葉の『金色夜叉』、徳富蘆花の『不如帰』など女性の情緒を描いた小説が人気を集め、感動を与えた。

そのころ、浪漫主義がおこり、北村透谷、島崎藤村、与謝野晶子などが個人の自由、感情、思想の尊重を訴える小説や詩歌が実を結んだ。それに対して、現実を鋭く見つめ、人間のありのままの姿を客観的に描こうとする自然主義がおこる。

島崎藤村の『破戒』、田山花袋の『蒲団』は、自己の心情を告白した私小説の原点となり、どの派にも属さない夏目漱石と森鷗外は、独自の立場から、近代日本の本質に迫る作品を発表した。

缚的人情世态的写实主义文学。这个理论在二叶亭四迷使用"言文一致文体"(白话体)写就的《浮云》这部小说中付诸实践。这可以说是日本近代文学的起点。

明治30年代(1897年),作为一种对欧美风潮的反制,日本的古典(文学)受到了尊崇,尾崎红叶的《金色夜叉》、德富芦花的《不如归》等描写女性情感的小说受人欢迎并感动了很多人。

在这个时期还兴起了浪漫主义(文学),其硕果是北村透谷、岛崎藤村、与谢野晶子等创作的呼唤尊重个人自由、感情、思想的小说和诗歌。与此相对,同时期出现的自然主义(文学)则主张冷峻面对现实、客观描写真实的人间百态。

岛崎藤村的《破戒》、田山花袋的《棉被》是披露自我心境这种"私小说"的鼻祖,不属于任何派别的夏目漱石和森鸥外则从自我立场出发,发表了触及近代日本本质问题的作品。

二、自由民権運動と政治小説

日本は明治維新を契機にブルジョア①

日本通过明治维新取得了资产阶

---

① ブルジョア:资产阶级(的)。

第一章　明治時代の文学

革命に成功した。さて、これから日本はどこへ行くか。ブルジョア民主主義の道を歩むか、それとも軍事独裁的な政治コースを辿っていくかの問題が当時の日本に課されており、日本の前途と運命を決する重要な分かれ道であった。だが、明治政府は後者の政治路線をとったのである。

そのような明治政府に対して、民衆たちは、革命的な闘争をしなければならなかった。その1は「百姓一揆①」であり、その2は自由民権運動であった。

明治政府に裏切られた日本人民は、直ちに一揆、打ち壊しでこれに答えた。史料によると、明治維新翌年の1869年に百姓一揆が44件、70年に32件、71年に23件、72年38件とつづけざまに勃発した。

維新後の1874年ごろから発生した自由民権運動の指導者たちは欧米留学生、インテリ②、旧藩士たちである。彼らは欧米諸国のブルジョア民主主義に心酔し、ルソー③の『社会契約論』やミル④の『自由論』などに影響されて、絶対主義的独裁政

级革命的成功。而接下来日本要向何处去，是走资产阶级民主主义的道路还是走军事独裁式的政治道路，这些问题摆在当时的日本面前，成了决定日本前途和命运的重要分水岭。然而，明治政府却选择了后者的政治路线。

对于这样的明治政府，民众们只能进行革命斗争。其一是农民起义，其二是开展自由民权运动。

对于明治政府的背信弃义，人民迅即用起义、暴动来反击。据史料记载，明治维新后的转年1869年发生了44起农民暴动，紧接着1870年发生了32起，然后71年是23起、72年是38起。

维新后的1874年前后开始的自由民权运动的领导者是欧美留学生、知识分子、旧诸侯武士。他们醉心于欧美诸国的资产阶级民主主义，深受卢梭《社会契约论》、穆勒《自由论》的影响，反对威权政治，高喊自由、平等、

---

① 百姓一揆：农民起义。
② インテリ（ゲンチャ）：知识分子。
③ ルソー：卢梭。
④ ミル：约翰・穆勒。

治に反対し、「自由」、「平等」、「民権」のスローガンを掲げて、政府の上からの近代化に反対し、下からの近代化を主張した。

　自由民権運動の理論的指導者は、植木枝盛と中江兆民である。植木枝盛は、『自由は鮮血を以て買わざるべからざるの論』を新聞に発表し、また、政府に対する武力抵抗、圧制政府の打倒を国民の権利と主張した内容の『日本国国憲案』を発表して、人民の抵抗権、革命権を主張した。自国の独裁支配に反対する民権運動家などは、対外には熱烈な民族独立の鼓吹者でもあった。しかし彼らは、日本、朝鮮、中国という東亜の被圧迫民族が連帯して欧米列強の侵略に抵抗することを主張した。植木枝盛は政府の煽る「征韓論」に反対し、東亜諸民族は「一家」のように連帯して、欧米の圧迫に対抗すべきであるのに、日本人でありながら朝鮮征伐を唱えるとは「一家の存亡」も「一身の生死」も分からない馬鹿か狂人であるとの論文を新聞に投書した。また、政府の対琉球政策や対中国問題をも痛烈に批判した。

　自由民権運動は、日本における最初のブルジョア民主主義革命運動であった。運動の指導者は旧藩士と知識人であり、労農大衆との連帯がなく、農民運動との

民权的口号，反对政府自上而下的近代化（措施），主张推行自下而上的近代化。

　自由民权运动的精神领袖是植木枝盛和中江兆民。植木枝盛除了在报纸上发表《自由应以鲜血换取论》外，还发表了主张武力反抗政府、打倒强权政府乃国民权利这些内容的《日本国国宪案》，提倡人民的反抗权和革命权。反对本国独裁统治的民权活动家们对外还是民族独立的热烈鼓吹者。但他们主张日本、朝鲜、中国这些东亚的被压迫民族联合起来抵抗欧美列强的侵略。植木枝盛还在报纸上撰文反对政府煽动的"征韩论"，认为东亚各民族应如一家人一样团结起来对抗欧美的压迫，对叫嚣征讨朝鲜的日本人，他认为简直就是不知一家存亡、一身生死的愚人、狂人。同时，他还对政府的琉球和中国政策进行了猛烈的抨击。

　自由民权运动是日本最初的资产阶级民主主义革命运动。运动的领导者是旧诸侯武士和知识分子，他们没有团结工农大众，也没有与农民运动相

第一章　明治時代の文学

合流もなかった。それ故に、一度支配者の圧制、切りくずし、さらに指導者(板垣退助など)の買収に出会うなり、たちまち崩れてしまい、10年も経たないうちに雲散霧消してしまった。

しかし維新後の自由民権運動は、その人民の権利を守る運動の精神が、広く深く日本人民を捉え、単に政治運動として重大な意味をもったばかりでなく、日本国民の自由を希求する思想を激しく燃えあがらせ、日本近代文学が成立するための基礎を築いたという点でも重大な意味を持っていた。たとえば、北村透谷は、直接に自由民権運動に参加し、自由民権運動から出発して、日本近代文学の先駆者となったのである。その他、徳富蘆花、国木田独歩、広津柳浪、徳田秋声なども、それぞれに自由民権運動によって培われた見識や情熱を何らかの程度でその後の彼らの活動の中に生かしていた。

自由民権運動が広範に発展し、知識青年のロマンチックな前進的精神と結びついて、自由民権運動の政治思想とつながった「政治小説」が流行した。この政治小説は、自由民権運動の闘いの武器ともなったのである。

政治小説の主な作品に矢野竜渓の『経国美談』、東海散士の『佳人之奇遇』、その

结合。因此，一旦遇到统治者(如板垣退助等)的压制、分化和收买，顷刻之间土崩瓦解，在不到10年期间便消声匿迹了。

但是维新之后的自由民权运动，其保卫人民权利的运动精神则广泛深入地影响了日本人民，它不单作为一场政治运动意义重大，在轰轰烈烈点燃日本民众渴求自由的思想(火炬)、构筑日本近代文学基石这点上也具有重大的意义。比如，北村透谷就直接参加了自由民权运动，并由此成为了日本近代文学的先驱。此外，如德富芦花、国木田独步、广津柳浪、德田秋声等也或多或少地将在自由民权运动中培育出的见识、激情融入到他们其后各自的文学活动中。

自由民权运动广泛发展，与知识青年罗曼蒂克般的奋进精神和自由民权运动的政治思想相结合的"政治小说"流行起来了。这种政治小说还成为了自由民权运动战斗的武器。

政治小说的主要作品有矢野龙溪的《经国美谈》、东海散士的《佳人之奇

他、翻訳、翻案の小説などがある。その代表作は『佳人之奇遇』である。この小説は、主人公はフィラデルフィア①に留学している旧会津藩士で、彼を中心にスペインの愛国女性やアイルランドの亡命女性や中国の明の遺臣やハンガリーの志士たちを登場させて、これらの国の紛乱した政治的事情と、それに対する各人の熱い憂国の情とを次々とくりひろげさせる仕組みになっている。小説の筋は簡単だが、作者の関心は亡国の苦しみに喘ぐ弱小諸国の心情を伝え、大国の圧制を憤り、自由独立の熱情を吐露して、憂国慷慨の情を言い伝えているところにある。

これらの小説とともに自由民権運動を鼓舞し、自由民権思想を鼓吹し讃美する歌謡がしきりに作られ、全国的に流行した。次がその一首である。

遇》及其他翻译、摹写小说。其中的代表作是《佳人之奇遇》。这部小说的主人公是留学美国费城的旧会津地区的诸侯武士,小说构架是以他为中心描写了西班牙的爱国女性、爱尔兰的流亡女性、中国明朝遗臣、匈牙利志士等人物,并一一展述了这些国家纷乱的政治形势,各个人物深切的忧国之情。小说的情节虽然简单,但作者通过它表达了陷于亡国之痛的弱小国家的心声、对于大国压迫的愤慨、对自由独立的热情讴歌以及忧国激愤之情。

与这些小说一起还涌现了很多为自由民权运动呐喊、讴歌赞美自由民权运动的歌谣。这些歌谣风行于日本全国,以下就是其中一首。

　　　　自由の歌

　　天には自由の鬼となり

　　地には自由の人たらん

　　自由よ自由よやよ自由

　　汝と我れがその中は

　　天地自然の約束ぞ

　　　（小室重弘（明治初年）より）

　　　　自由之歌

　　在天为自由之鬼

　　在地为自由之人

　　自由呀自由

　　天地与我之间

　　共盟天地自然之约

---

① フィラデルフィア:费城(美国)。

第一章　明治時代の文学

自由民権運動の政治小説や歌謡は、はっきりと「自由」「平等」「人権」というブルジョアジーの要求を表面に持ち出している。「自由」「平等」「人権」というのは、ブルジョアジーがブルジョア革命当時に掲げ出したモットー①で、ブルジョアジーの政治的経済的利益を反映するものである。ブルジョアジーは、この「自由」「平等」「人権」を反封建闘争のイデオロギー②的武器として振りまわしていた。またその限りにおいては進歩的革命的であった。だが、同じ樹から出た他の枝がある。ブルジョアジーはこの同じ「自由」「平等」「人権」をもって、労働大衆を搾取するイデオロギー的武器としても使っていた。こういうことも知らなければならないのである。

なお、これらの政治小説家は概してアマチュア③作家である。小説家というよりも政治家または政論家である。したがってその作風は小説というより論文で、文章は生硬、人物は類型的で芸術性に乏しいものである。

自由民权运动中的政治小说、歌谣都明确地发出了"自由"、"平等"、"人权"这些资产阶级的诉求。它们是资产阶级在资产阶级革命之时提出的口号,反映了资产阶级的政治、经济利益。资产阶级将"自由"、"平等"、"人权"作为反封建斗争的思想武器广泛宣扬,在这一点上它是进步的、革命的;但正像一棵树有枝干一样,同样是"自由"、"平等"、"人权",资产阶级还将其用作欺诈工农大众的思想工具。这点我们也必须要了解。

还有需要补充的是这些政治小说家基本上属于业余作家,说他们是小说家还不如说是政治家或政论家更合适。因此,他们的创作风格就不像小说而更像论文,作品生硬,人物描写脸谱化,也缺乏艺术性。

---

① モットー：口号，信条。
② イデオロギー：意识形态。
③ アマチュア：业余。

三、坪内逍遥

写実小説の先駆者と言われる坪内逍遥(1859—1935)は、名を雄蔵といい、岐阜県の生まれで、早稲田大学教授になり、文学博士の肩書を持っている人である。彼は1885(明治18)年に『小説神髄』という文学評論を発表した。彼は新しい小説はリアリズム①即ち写実的でなければならないし、その写実は架空的なロマンスではなく、人間心理を分析したものでなくてはならないと主張した。彼は封建時代の儒教的勧善懲悪の観念の支配から脱却した新しい内容と形式の小説を提唱した。即ち小説は支配観念の美辞麗句を借りて自らの無内容を合理化するものではなく、現実の人間そのものがその主体であるべきだと主張した。彼は小説の主人公は滝沢馬琴の『南総里見八犬伝』の犬士のような道徳の化身ではなく、現実の人間でなければならないし、現実の人間であるかぎり、善悪2つの要素を備えているはずだと考えた。そして作家はそのような人間の両面を分析し観察しなければならないと指摘した。

坪内逍遥は文学の上でブルジョア的近

被誉为写实小说先驱的坪内逍遥(1859—1935)名为雄藏,生于岐阜县,是早稻田大学教授,拥有文学博士的头衔。他1885(明治18)年发表了《小说神髓》这篇文学评论,主张新小说必须具有现实主义(性质)即写实性,这种写实性不是表现虚构的浪漫而必须是体现在人的心理分析上。坪内还提倡新题材和新风格的小说,认为这种小说应当摆脱封建时代儒教式的那种劝善惩恶观的支配,也就是小说不应借用统治观念中那些华丽词藻来使自己的空洞内容合理化,现实的人本身才是小说表现的主体内容。他认为小说的主人公不是泷泽马琴《南总里见八犬传》中犬士(勇士)那样的道德化身,而必须是现实的人,而只要是现实的人就应当具备善恶这两个要素。他还指出作家需要分析、观察这种人的两面性。

坪内逍遥在文学上虽然想以资产

---

① リアリズム:现实主义,写实主义。

第一章　明治時代の文学

代精神をもって封建的道徳観と置き換えようとしたけれども、彼の近代精神に対する認識は極めて曖昧であった。彼は『小説神髄』の中で「人間は情欲の動物なれば、いかなる賢人、善者なりとて、まだ情欲を有せぬは稀なり。賢不肖の辨別なく、必ず情欲を抱けるものから、賢者の小人に異る所以、善人の悪人に異る所以は、一に道理の力を以て若しくは良心の力に頼りて情欲を抑え制め、煩悩の犬を攘うに因るのみ。」と書いているが、そこでいう「善人」、「小人」、善、悪の捉え方は、封建的旧観念のワクからいくらもぬけ切れていないのである。

同じ1885年に発表した『当世書生気質』という小説は、いわば彼の小説論の裏づけとして書かれたものであるが、その内容は小町田粲爾という英学塾の一書生と「田の次」という芸妓との恋愛を経とし、小町田の寄宿する英学塾の書生生活を緯としたものである。

品行方正の小町田が一度田の次に会うや学業を疎かにし、危うく退学処分になろうとするところを友人達に助けられる。しかも田の次は、実は死んだ親達が

阶级的近代精神来取代封建道德观，但他对近代精神的认识还极为模糊。他在《小说神髓》中写道："人既为情欲之动物，那无论任何贤人、善者就鲜有无情欲者。无论贤者抑或小人必有情欲，而贤者之所以区别于小人，善人之所以区别于恶人，只因他们以道理或良心之力抑制情欲、排除烦恼之扰而已"。这里所说的"善人"、"小人"、善恶的判断并没有脱离封建旧观念的框架。

同样在1885年坪内逍遥发表了《当世书生气质》这部小说，这可以说是为印证他的小说论而写的。小说的纵线写的是一个叫小町田粲玺的就读英语学堂的书生和一个叫田次的艺妓之间的恋爱故事，横线则描写了小町田在英语学堂作寄宿生时的生活。

品行端正的小町田遇到田次后荒废学业，在几乎面临退学处分的时候得到朋友们的帮助（才侥幸躲过）；同时他知道了田次原来是去世的父母给

約束した許婚①であったということが分かり、再び学業に精を出す。ただしこの2人が結婚するかどうか、それはこの小説でははっきり言っていない。つまり作者は、昔風の常套手段のハッピー・エンドの結末をわざわざ避けたのであるが、しかし小説中の恋愛観はやはり封建的道徳観に支配されている。主人公の小町田と田の次との恋愛は、田の次が芸妓であるがゆえにその恋愛が認められなかった。しかるに田の次が親の約束した許婚だということが分かるとたちまち事なく許されるというのである。

ここに描かれている人物と、後で見る、例えば二葉亭四迷の『浮雲』の主人公内海文三の人間像との間の相違はあまりにも大きい。

なお小説『当世書生気質』の言語、文体もかなり古めかしい戯作調②である。だから坪内逍遥は『小説神髄』において、文学観としては写実主義、近代的な小説を主張しているけれども、彼は近代的小説、写実主義の「神髄」に対する認識がまだ曖昧、未熟なところがあったのである。

自己定的娃娃亲，于是重新埋头于学业。只是这两人最后是否成婚在小说中并没有明确言及，也就是说作者有意避开了传统老套的大团圆结局。虽然如此，小说中的恋爱观仍然受到封建道德观的束缚——主人公小町田和田次的恋爱因为田次的艺妓身份而不被认可，但当明确了田次是家中长辈定下的娃娃亲后却马上顺利获得认可。

这里描写的人物和接下来要说的如二叶亭四迷《浮云》中主人公内海文三这个人物形象之间有着很大的不同。

需要补充的是小说《当世书生气质》的语言，文体风格是相当陈旧的通俗体。所以说，尽管坪内逍遥在《小说神髓》中主张写实主义、近代小说式的文学观，但他对近代小说、写实主义的"神髓"的认识还是有模糊幼稚的地方。

---

① 許婚（許婚）：订婚，指腹为婚。
② 戯作調：通俗小说类，调侃语气。

四、二葉亭四迷

　二葉亭四迷(1864—1909)は、本名は長谷川辰之助で、東京市ヶ谷に生まれた。彼は17歳の時、東京外国語学校ロシア語科に入学し、22歳までここで勉強した。彼は19世紀のロシア文学、特にツルゲーネフ①、レールモントフ②、ゴーゴリー③、ドストイェフスキー④などの作品に深く親しみ、学生時代から19世紀ロシアのブルジョア・リアリズム的作品を愛読し、その影響を深く受けるところがあった。彼は明治官僚社会の不合理と不自由さは、ツァー⑤時代の農奴的封建制ロシアの社会とどこかに似ているところがあることを発見した。

　二葉亭は1887(明治20)年に『浮雲』を発表した。これは今までのストーリーの奇抜性や変化を重んじる旧式の手法を捨てた全く型破り⑥の新式の近代的文学である。人物も美男美女主義ではなく、ただの市井の人物であった。

---

① ツルゲーネフ：屠格涅夫。
② レールモントフ：莱蒙托夫。
③ ゴーゴリー：果戈理。
④ ドストイェフスキー：陀思妥耶夫斯基。
⑤ ツァー：沙皇。
⑥ 型破り：破例，大胆的。

小説の成立した明治20年頃の日本は、自由民権運動が失敗し、急テンポで反動化し、一途に軍国主義へと滑り落ちていった時である。ブルジョア的自由と民主と解放とを希求する知識人にとっては、空気があまりにも重苦しかった。

『浮雲』はこういう時代的背景をもった作品である。主人公内海文三は、貧乏士族の息子で、学才はあるが世才に乏しい頑な人であった。父の死後、彼は叔父の家に寄寓し、下級官吏の職を得たが、課長の機嫌をとることができないため、クビにされてしまった。クビにされた文三はすっかり窮地に追い込まれてしまった。今まで文三を大事にし、娘のお勢を文三の嫁にしようと思っていた叔母のお政は、態度を一変してつらくあたるようになり、お勢を文三から遠ざけるようにした。彼の同僚に本田昇というのがいた。文三とは正反対にお世辞がうまくて要領のいい当世風の軽薄な青年であった。課長のお機嫌とりが巧みで昇官もし、その上お政にとりいり、お勢にも誘惑の手をのばす。これで軽薄でハイカラ①好きなお勢は、ついに本田の方へと心が動いて

小说成书的明治20年前后，是自由民权运动失败、日本急速呈现反动倾向并一步一步滑向军国主义的时候。对于冀求资产阶级自由、民主和解放的知识分子来说，当时的社会气氛过于沉闷。

《浮云》就是具有这种时代背景的作品。主人公内海文三是贫寒士族人家的子弟，有才学但疏于世故又很固执。父亲死后，他寄居在叔叔家，虽得了一个小官的差事，但因不会讨好科长而被辞退了。丢了差事的文三完全陷入了窘境。以前疼爱文三并想把女儿阿势许配给文三的婶婶阿政（马上）态度一变，开始冷对文三，让女儿疏远他。文三有个同事叫本田升，他与文三正相反，是个嘴甜、机灵而又时髦轻佻的小子。他因会讨科长欢心而升了官，他向阿政献殷勤，也开始引诱阿势。这样一来，轻浮、爱赶时髦的阿势最终心仪起本田来。文三彻底输了，不知所措又无计可施。小说写到这里戛然而止，作者此后再没有完成续篇。恐怕作者也是无计可施，不知道怎么写下去了。

---

① ハイカラ：时髦的，新潮的。

第一章　明治時代の文学

ゆく。文三はすっかり敗北してしまい、途方に暮れ①てしまったが何ともしかたがなかった。ここまで書いてきた作者はついに続篇を書かずに中断してしまった。おそらく作者としても、なんともしかたがなく、いきづまってしまったのであろう。

　二葉亭は、『浮雲』の主人公内海文三を通して明治の官僚的な絶対主義社会の本質を追求し、その暗黒面をさらけ出そうとした。こういう社会においては、才能があり、真面目に働き、良心的に人間らしく生きようとしても、それさえできるものではなかった。正直に人間らしく生きようとすればするほど、悪の社会の本質にぶつからなければならなかった。生きるためには本田昇のような曲者②でなければならなかった。学才よりも世才がものを言い、正直よりもごまかしが利く世の中であった。文三のような人は何といっても時代に向かず、官僚社会からしめ出されるよりほかなかった。真面目な彼は親類のお政からも、恋人のお勢からもバカにされていた。彼はおべっか③とご

二叶亭通过《浮云》主人公内海文三来挖掘明治时期官僚威权主义社会的本质，试图揭露出这个社会的黑暗面。在这样的社会中，即使有才能、工作认真、有良心并想活得像个人，实际上也办不到。越想本本分分地做人，就越是要与丑恶的社会内在体制发生碰撞。为了生存，唯有变成像本田升一样的老油子。这是一个人情世故胜于才能、伪善胜于正直的社会。像文三这样的人很难适应时代，最后只能被挤出官僚社会。无论是亲戚阿政还是恋人阿势都瞧不起没有心眼的文三；他因不会奉承和欺骗，最后变成了社会的无用者，一个"多余者"。

---

① 途方に暮れる：走投无路。
② 曲者：无赖，老狐狸。
③ おべっか：奉承，谄媚。

まかしができないがために社会の無用の者——「余計者（よけいもの）」になってしまったのである。

作者はこのようにして、文三を通して明治社会の暗黒面（あんこくめん）をさらけ出そうとした。だが二葉亭が描（えが）きあげた「余計者」の典型（てんけい）——文三は結局ブルジョア的インテリゲンチャにすぎず、彼と明治社会との矛盾（むじゅん）撞（どう）着（ちゃく）は個人の利害（りがい）関係（かんけい）であり、個人主義（しゅぎ）に基（もと）づく矛盾である。彼は当時社会に対し不平不満（ふへいふまん）を持っているが、しかし、それがためにこの社会をどうこうしようとは毛頭（もうとう）考えていな①かった。彼はただ自分で苦悩（くのう）し、煩悶（はんもん）し自（みずか）ら諦（あきら）めるよりほかなかった。おそらく作者は批判（ひはん）的リアリズム的観点（かんてん）から出発（しゅっぱつ）して書き始めたものの、しかし文三が一旦（いったん）社会からしめ出されてどうにもならなくなったとき、作者自身もどうにもならないと思って筆（ふで）を折ってしまったものと解（かい）される。なお、『浮雲（うきぐも）』は当時としては、いまだに類例（るいれい）のない口語文体（こうごぶんたい）（言文一致（げんぶんいっち）の文体）で書いたものである。彼の文章（ぶんしょう）はできるだけ修飾語（しゅうしょくご）を避（さ）け、できるだけ簡潔（かんけつ）に事実（じじつ）を描写（びょうしゃ）しようとしたのである。話（はな）し言葉（ことば）と

作者就这样通过文三试图揭露出明治社会的黑暗面。但是二叶亭描述的"多余者"的典型——文三结果只不过是个资产阶级知识分子，他与明治社会的矛盾碰撞是个人利害关系、是基于个人主义的矛盾。他对当时的社会有不平和不满，但他根本没有因此要改变这个社会的想法。他只是独自苦恼、烦闷、自暴自弃。这可以理解为作者或许一开始是从批判现实主义的观点出发来写这部小说的，但当文三被排挤出社会束手无策时，作者本人也认为无计可施才搁笔的。另外需要说的是，《浮云》在当时是作者用独树一帜的白话体（言文一致体）来写成的。二叶亭的文章尽可能免掉修饰语成分，并尽量简洁地描写事实。将白话日语发展成近代文学表述语言可以说也是一种创新。

---

① 毛頭（もうとう）…ない：根本不～，丝毫没有～。

第一章　明治時代の文学

しての日本語を近代文学の言葉にまで発展させたのも革新的であると言えよう。

五、北村透谷

二葉亭とほとんど同時代に、二葉亭よりもなおラジカル①に自我を主張し、明治社会の封建的絶対主義に反対し、自分の文学を通して苦闘してきたのが若いロマンチシズムの詩人北村透谷である。

北村透谷（1868—1894）は神奈川県小田原市に生まれた。彼は東京専門学校（後の早稲田大学）を中退し、速記者、ボーイなどの職業を転々した。18歳の時自由民権運動に参加したことがあるが、のち政治小説家となることを決意し、22歳に『楚囚の詩』、24歳に『蓬莱曲』、25歳に『厭世詩家と女性』、『人生に相渉るとは何の謂ぞ』、『内部生命論』などを発表したが、27歳（1894）に自殺をした。

『厭世詩家と女性』で透谷は「恋愛は人世の秘鑰なり、恋愛ありて後人世あり。恋愛を抽き去りたらむには人生何の色味かあらむ」と書き出している。明治20年代の世にすれば、これは大胆な自由恋愛の宣言である。彼は明治社会の重苦しい

与二叶亭差不多同时代的文学家还有北村透谷。他比二叶亭更加彻底地主张自我，反对明治社会的封建极权主义，是一个通过自己的文学来做艰苦抗争的年轻的浪漫主义诗人。

北村透谷（1868—1894）生于神奈川县小田原市。他从东京专科学校（后来的早稻田大学）中途退学后，辗转做过速记员、门童等职业。18岁时参加了自由民权运动，其后决心做一名政治小说家。22岁发表了《楚囚诗》，24岁发表了《蓬莱曲》，25岁发表了《厌世诗家与女性》和《渡世谓何》、《内部生命论》等著作，27岁（1894）自杀身亡。

在《厌世诗家与女性》中，透谷开篇就写到："爱情是人世秘密的钥匙，有爱情后才有人世，去除了爱情，人生就没有任何色彩"。在明治20年代的社会中，这不啻是自由恋爱的大胆宣言。他寻求通过男女间的爱情来逃离

---

① ラジカル：彻底，激进。

政治的な重圧、封建的人間拘束からの逃れ道を男女間の恋愛に求めたのである。彼は現実社会における一切を虚偽不正なものと見なし、その中でたった一つ純粋真実のものとして恋愛を見出したのである。

これはブルジョア的ロマンチシズム的な恋愛観であり、恋愛至上主義とでも言うべきものである。かつては自由民権運動に参加し、また運動から手を引いたあとももっぱら文学世界で現実社会と対決しようとしているが、何分①にも恋愛に救いを求めたのである。

透谷は当時文壇で跋扈し、のさばっている②硯友社流の、文学を遊戯的な娯楽的なものと見なす態度に反対して、文学者は「人間の霊魂を建築せんとするの技師」でなければならないと主張した。

透谷の思想体系の中で、もう一つの重要な要素はクリスチャン③的反戦主義であった。「吾人は苟しくも基督の立教の下にあって四海皆兄弟の真理を奉じ、斯の大理を破り邦々相傷むを以て、人類の恥辱之より甚しきはなしと信ず。…」と

明治社会难忍的政治重压、对人的封建束缚。他将现实社会中的一切都看作虚伪和不公的,而他发现爱情是其中唯一纯粹和真实的。

这是资产阶级浪漫的爱情观,可以说成是爱情至上主义。透谷曾经参加自由民权运动,在退出运动后他完全通过文学世界来与现实社会抗争,但最终却无奈地求救于爱情。

透谷反对当时横行于文坛的"砚友社"那种视文学为游戏娱乐之物的态度,主张文学家应是"构建人们灵魂的工程师"。

透谷的思想体系中另一个重要的部分是基督徒式的反战主义。他曾讲到:"我们都应信奉基督教义下四海皆兄弟的真理,相信破此大义以致诸国相残乃人类最大之耻辱……"。他还讽刺政府:"一个国家没有海军这块金

---

① 何分:无奈,到底,若干。
② のさばる:横行霸道,伸展。
③ クリスチャン:基督徒。

言い、また「一国も赤海軍という金時計なしには、其国体を守ること能わざるか。」と政府を皮肉した。彼の反戦的思想は、すでに帝国主義の段階に踏み入った明治政府の対外侵略主義と直接対決しており、当時としては進歩的であった。

　要するに透谷は、人間の不幸は社会的矛盾に起因することをはっきりと認めた人である。しかし、彼は、その不幸を切り開くために社会改革に乗り出そうとする意欲を捨て、自由民権運動からも手を引いて、もっぱら個人的生活の慰安、恋愛ないし人間内部生命の信仰によって精神的な世界に昇華させて魂の安寧をはかろうとし、そして失敗した人である。

六、尾崎紅葉と硯友社

　明治20年代、二葉亭や透谷とほぼ同時代に尾崎紅葉（1867—1903）を中心とする一群の作家が硯友社という文化団体を結成し、一時かなり広汎な読者を捉えて、文壇を席巻する観があった。その主なメンバーは、ボス格の尾崎紅葉のほか、山田美妙、川上眉山、広津柳浪などで、のちさらに泉鏡花、小栗風葉、徳田秋声らも同人と

表就不能维护其国体？"透谷的反战思想是与已经踏入帝国主义阶段的明治政府对外侵略主义的直接对决，在当时是很进步的思想。

　　总之，透谷清楚地认识到人之不幸是社会矛盾引起的，但他却没有意愿要去参与社会变革来冲破不幸。他从自由民权运动中抽身而出，完全靠着个人生活上的慰藉、爱情乃至人的内在生命的信仰来升华自己的精神世界，并藉此来求得心灵的安宁，但最终却以失败告终。

　　明治20年代，与二叶亭、透谷差不多同时代出现了一个文学社团叫"砚友社"。这是以尾崎红叶（1867—1903）为中心的一群作家结成的。它一时间俘获了众多读者并呈现出席卷文坛之势。其主要成员除了总舵主级的尾崎红叶外，还有山田美妙、川上眉山、广津柳浪等，后来还有泉镜花、小

して参加した。彼らは、みな若いプチブル①的インテリゲンチャで、これというはっきりした共同の目的があって結ばれたものではなかった。自由民権運動および政治小説ないし二葉亭や透谷などの文学に対する反動として、もっぱら文学を現実社会からあるいは政治闘争から遊離した遊戯的趣味本位的なものにしようという一群の文学好きな青年たちの寄り集まりであった。

彼らは、小説を書くのは、ただ小市民の卑俗な嗜好に媚びるもので、読者に趣味を感じさせ、笑わせ、涙を流させればよいと思っている。こういう消費、遊興的戯作態度だから、当然真面目に人生や社会問題を観察し、それと対決しようなどとは毛頭考えていなかった。彼らの作品の内容から見ても分かるように、紅葉の出世作といわれる『二人比丘尼色懺悔』は、山里の庵で偶然に出会った2人の尼が、世を捨てた動機を語り合ったところ、なんと同じ一人の武士の死ゆえであった。

その他の硯友社員山田美妙、広津柳浪なども何かは書いたが、いずれも文学的にそれほどの価値あるものを書いてい

栗风叶、德田秋声等人加入。他们都是小资产阶级知识分子，并没有一个清晰共同的目的。只不过是作为对自由民权运动、政治小说以至二叶亭、透谷等文学的反弹而聚集起来的一群文学青年。他们将文学完全看作是游离于现实社会或者政治斗争的一种游戏性的、趣味为本的东西。

他们认为写小说只是为了迎合小市民的低级嗜好，让读者觉得有趣、让他们发笑、让他们流泪就行。因为这样的消遣、游戏的创作态度，"砚友社"成员当然根本就没想着要认真观察人生或社会问题并与之交锋。从他们的作品内容就能看出这一点。比如在称为红叶成名作的《两个比丘尼的情色忏悔》中，两个偶然相见于山村小庙的尼姑互相讲起出家的动机后，结果发现竟然都是因为同一个武士之死。

"砚友社"的其他成员如山田美妙、广津柳浪等也写了一些东西，但都没有多少文学价值。

---

① プチブル（ジョア）：小资产阶级，中产阶级。

ない。

硯友社の最大の成就は、尾崎紅葉の未完成の作『金色夜叉』である。梗概は次の通りである。

幼いとき母を亡くし、15歳にして父を失った間貫一は、貫一の父から恩を受けたことがある鴫沢隆三に養われ、鴫沢家の一人娘お宮と許婚になる。ところが美しいお宮は、カルタ①会で、銀行家の息子富山に見初め②られ、求婚される。そしてお宮の両親は恩を受けた貫一の亡き親のことを忘れ、娘を富山と結婚させようと思う。熱海の海岸でお宮自身の心を聞こうとした貫一は、彼女の心も富山に向いていたことを知り、怒りと絶望でそこから去る。彼は愛情に絶望した結果、金銭の鬼となり（ここから『金色夜叉』の題名が出た）、高利貸となって、人の心を持たないシャイロック③になる。一方、富山と結婚したお宮は、夫を愛せず、後悔の念を抱きながらさびしい日々を送っている。貫一の親友荒尾譲介と会ったことから、貫一の住所を知り、おわびの手紙を出すが、貫一は聞こうともしない。だが、ふ

"硯友社"的最大成就是尾崎红叶的未竟之作《金色夜叉》。下面是这部小说的梗概。

从小丧母、15岁失父的间贯一，得到受过其父亲之恩的鸭泽隆三收养，并与鸭泽家的独生女阿宫订下了婚约。但是貌美的阿宫在一次纸牌会上被银行家的公子富山一眼看中并求婚。这样阿宫的父母就忘掉了贯一故去父母的恩情，打算让女儿嫁给富山。在热海的海岸边，贯一本想听听阿宫自己的真心话，但当他知道阿宫的心已移向富山后，愤怒和绝望地离去。他对爱情彻底绝望了，最后变成了一个钱魔（《金色夜叉》这个标题也就是由此而出的），一个高利贷者，一个没有人性的夏洛克。再说阿宫，她与富山结婚后却不爱丈夫，怀着悔意寂寞度日。她见到了贯一的好友荒尾让介，并从他那儿知道了贯一的住处后，就给贯一寄了一封道歉信，但贯一没有理睬。因一次偶然，贯一救了新桥"柏屋"的青楼女子爱子和在纸张批发

---

① カルタ：日本纸牌，扑克牌。

② 見初める：一见钟情。

③ シャイロック：夏洛克（《威尼斯商人》中的犹太商人）。

とした①ことで心中しようとした男女、新橋の芸者柏屋の愛子と、紙問屋に勤める狭山を救う。愛子は富山に身請②されるのを耐えられず、恋人と心中しようとしたのであった。金銭よりも強い愛情があることを知った貫一は男泣きに泣き、2人に4千円も用立てる③のである。

金には血も涙もない資本主義社会を写実的に描いている。人間の社会（といっても資本主義社会であるが）には愛と富との2つの力がある。どちらが支配的でより大きいかというと、「金がものを言う」というのが現実の社会である。「地獄の沙汰も金次第」というのは昔も今も変りがない。金のためには許嫁をもあっさりと捨ててしまい、亡き親から受けた恩義も顧みないというのが現実である。だが、それでいいのか、あまりにも冷酷、無情ではあるまいか。願わくは愛情の力がもっと偉大でありたいというのがこの小説の眼目であり、主題であると思う。

この作品は日本の近代文学の中でもっとも多くの人に知られた作品である。今まで幾度となく映像化されてきた。日本

屋做伙计的狭山这对准备殉情的男女恋人。爱子不堪被富山赎身，准备与恋人殉情自杀。贯一知道世上还有比金钱牢固的爱情后不觉流下男儿泪，给了他们两人4千元作盘缠。

小说真实地描写了对金钱冷酷无情的资本主义社会。人间社会（说来说去就是资本主义社会）有爱情与财富这两大力量。如果说到哪个力量占统治地位并更加强大，在现实社会中还是由钱来说话。"有钱能使鬼推磨"自古到今皆如此。为了钱，可以轻易地背弃婚约，可以不顾亡亲所曾给予的恩情，这就是现实。但这样行得通吗？不是太过冷酷和无情了吗？希望爱情的力量更伟大——这就是这部小说的点睛之处和主题。

这部作品是日本近代文学中最广为人知的作品，至今曾多次被搬上银幕，在日本几乎可以说无人不知贯一

---

① ふとした：偶然的。

② 身請：赎身。

③ 用立てる：使用，垫款。

で貫一とお宮の名前を知らない者はないと言ってもよいほどである。

『読売新聞』でこの小説連載中の明治30(1897)年には、早くも「熱海の海岸」という芝居が上演され、その後も芝居だけでなく映画にもなり、また挿入歌も流行歌として広がっている。新聞連載中(1897—1902)も多くの読者は新聞の配達されるのを待ちこがれているくらいである。この小説が非常な人気を呼んだことは、あるパーティーの席上、紅葉はおおぜいの女性(多くいわゆる名士の夫人であった)にとり囲まれ、「宮さんはどうなるんだ」と尋ねられたことや、また、ある婦人が、遺言として、自分が死んだあとで、『金色夜叉』が完成したならば、それを墓に供えてくれと言い残したというようなエピソード①などによっても知られる。

和阿宫的名字。

在《读卖新闻》连载这部小说的明治30(1897)年,很快就上演了《热海海岸》这部戏,其后不仅是戏曲还被改编为电影,而电影插曲也成为广为传唱的流行歌曲。在报纸连载期间(1897—1902),很多读者都到了翘首以待的地步来等报纸送来。小说的巨大反响还可从两个小插曲中看出:一是在某个聚会席上,红叶被众多女性(多为所谓的名士夫人)团团围住,纷纷向他打听阿宫的结局;二是某位妇人留下遗嘱,说是自己死后《金色夜叉》如果完成,把它供到自己墓前。

七、樋口一葉

樋口一葉(1872—1896)は東京中流の士族の家に生まれ、わずか24歳でいくつかの芸術的魅力のある作品を残して、その短かい生涯を閉じた女流作家である。大胆で正義感が強い淑やかな人であ

樋口一叶(1872—1896)是一名女作家,生于东京中等士族人家,仅仅24岁在留下几部有着艺术魅力的作品后就结束了其短暂生涯。她是一个勇敢、深具正义感而又娴淑的女性。

---

① エピソード:小插曲。

つた。

　彼女は17歳の時、下級官吏であった父を失い、母と妹をかかえて、一家の中心となった。暗い封建制下で生活と戦わなければならなかった。だが、彼女の芸術に多くの影響を与えたのは、彼女の多岐な環境であった。15歳の時、彼女は「萩の舎」という中島歌子の歌塾で和歌を学びはじめた。「萩の舎」は当時の官僚貴族の子女が集まるサロンであった。一葉は父の死後、22歳の時、一家の生計を立てるため、母と妹を携えて下谷区龍泉寺町に移り、子供相手の駄菓子兼小間物商を営む。そこで必死になって働き、貧困と戦いながらも、かたわら創作に専念している。

　『わかれ道』、『にごりえ』、『たけくらべ』などが一葉の名作で、みな死ぬ前の2、3年の間に書いたものである。

　樋口一葉の小説は、封建的圧迫に苦しむ下層社会に対する深い同情、なかんずく①愛と貧困に悩む封建制下の女主人公の形象をリアルに生き生きと描き出している。作品のテーマは、大体下積みの民衆が、生活環境に苦しみ、悩まされていながら出る道がなくて苦しむことや、互い

　她17岁时就失去了做小官的父亲，从此成为家中顶梁柱来照顾母亲和妹妹，在黑暗的封建制度下与生活做着抗争。然而给与她艺术很大影响的却是她那种颠簸的生活环境。15岁时，她在中岛歌子开办的叫"萩舍"的和歌讲习班开始学习和歌创作。"萩舍"是当时官僚贵族的子女聚集的（和歌）沙龙。一叶在父亲去世后、自己22岁的时候，为了一家生计带着母亲和妹妹移居到下谷区龙泉寺町，开了一家面向儿童的粗点心兼卖杂货的小铺子。她在这里拼命劳作、与贫困抗争的同时，还专心她的创作。

　《岔路》、《浊流》、《青梅竹马》等是一叶作品中的名篇，都是她离世前2、3年间完成的作品。

　樋口一叶的小说写出了对在封建压迫下痛苦挣扎的下层社会的深切同情，尤其是生动、逼真地描绘出了封建制度下为爱情和贫困而苦闷的女主人公形象。她的作品主题基本上是描写底层民众为生活环境所迫苦闷而又无路可走的那种困窘情形，也有描写青

---

① なかんずく：特别，尤其。

第一章　明治時代の文学

に相愛する青年男女が、現実という逆境に出会い、どうしても一緒になれない羽目①に陥るものなどである。

　『にごりえ』と『たけくらべ』がその代表作である。『にごりえ』の主人公はお力という酒屋の女で、封建社会でも最下層に踏みにじられて生きる女である。お力は、美しい清らかな女であるが、夜の街の巷に落ちぶれて、険悪な世の波に晒されながら、浮き沈みに悩まされている女でもある。彼女は、こういうどん底の生活、人でなしの生活から抜き出そうと夢見ながらもがいているが、現実という壁にどうすることもできないでいる。「ああ嫌だ嫌だ嫌だ、どうしたなら人の声も聞えない物の音もしない、静かな、静かな、自分の心も何もぼうっとして物思いのない処へ行かれるであろう。つまらぬ、くだらぬ、面白くない、情ない悲しい心細い中に、何時まで私は止められているのかしら、これが一生か、一生がこれか、ああ嫌だ嫌だ」と苦しむ。が、いやでもそこを逃れる術はなかった。結局は、源七という男に無理心中②されて悲劇の一生を終

年男女相爱却碰到现实阻碍而最终无法走到一起这样结局的。

　《浊流》和《青梅竹马》是一叶的代表作。《浊流》的主人公是一个叫阿力的酒馆揽客女,是一位即使在封建社会下也是被压在、生活在最底层的女性。阿力是一位美丽、清纯的女性,也是一位沦落在夜晚街巷中、被人世间的汹涌恶潮推来操去并挣扎苦闷的女性。她虽然梦想着摆脱那种底层非人的生活,但无法打破现实这个壁垒。她痛苦地自语:"啊,讨厌!讨厌!讨厌!怎样才能去到那听不见人声、传不出物响、安静的安静的、心无所思的地方呀?何时我才能在这无聊乏味、薄情少义、悲哀无助的生活中熬到头呢?这就是我的一生吗?我的一生就是这样的吗?啊,讨厌!讨厌!讨厌!"但是,即使这样厌恶她却无法逃离出去。结果她只能被迫与一个叫源七的男人殉情结束自己悲剧的一生。作者用无比同情的笔触描写了阿力,但对其悲剧命运却是爱莫能助,或许

---

① 羽目（はめ）：窘境,境地。
② 無理心中（むりしんじゅう）：胁迫殉情、自杀。

える。作者は無限に同情の筆でお力を描いてはいるが、しかし悲劇的な運命をどうすることもできないと思った。自分ででも自分の生命を絶つよりほか仕方がないと思っていたのであろう。

『たけくらべ』は一葉の最大傑作である。バックは江戸時代の吉原という特殊な世界で、僧になる少年と、遊女になる少女との淡い初恋を描いた作品である。

吉原の遊女屋大黒屋の養女美登利は、勝気なさっぱりとした気性で、高利貸屋の息子正太郎や、人力車夫の子三五郎などの表町の子ども仲間の女王的存在であった。この表町組と対立している横町組の大将で鳶頭の子長吉は、ある夏祭りの夜仲間たちと表町組になぐりこみをかけ、三五郎を袋だたきにした。三五郎を庇った美登利に、長吉は「何を女郎①め、…姉の跡つぎの乞食め」と罵り、「此方には龍華寺の藤本がついているぞ、仕かえしには何時でも来い」と捨てぜりふを残す。

侮辱された美登利は、それまでは優等生の藤本信如を好いていたが、長吉のことばから、彼らをそそのかしたのは信如だと思いこんで憎み、正太郎といっそう

作者也认为女主人公除去了断自己生命别无他法的吧。

《青梅竹马》是一叶的最高杰作。作品以江户时代一个叫吉原的特殊地区（风化区）为背景，描写了一名要成为僧人的少年与一名要成为妓女的少女之间朦胧的初恋。

吉原的妓楼"大黑屋"收的养女美登利性格好胜、直爽，她是放高利贷人家的孩子正太郎、人力车夫的孩子三五郎等大街一带玩伴儿中的孩子王。与这个"大街帮"对着干的是"胡同帮"的孩子王建筑包工头的小孩长吉。在一个夏天庙会的晚上，长吉带着小哥们突袭了"大街帮"，将三五郎一顿围殴。对上前护着三五郎的美登利，长吉骂道："嚷嚷什么？你这个婊子……接你姐姐班的臭要饭的"，临走时又甩下一句："我们这儿有龙华寺的藤本！要还手随时来"。

被辱骂的美登利以前是喜欢好学生藤本信如的，但从长吉的话中她误以为是信如唆使他们这样干的，于是恨起信如来，与正太郎玩得更好了。

---

① 女郎：妓女。

第一章　明治時代の文学

親しくなる。しかし内心では信如を慕い、信如も美登利にひかれている。ある霜の朝、美登利は門に水仙の造花がさし入れてあるのをみつけるが、その翌日は、信如が僧となる日であった。少年少女の愛の目覚めを描いた作品であるが、作者のねらいは、内心では相手を愛していながら、ままならぬ①世の中、信如は仏門に、美登利は遊女にと、たがいに無言のまま別れなければならない運命である。そこには最底辺に生きる人々の悲惨な境遇に対する同情があり、現社会に対する不満が出るのである。

しかしこの作品においても、これらの少年少女はどうすればよいのか、どう発展していけばいいのか、作者としても全然分からない。自然のなりゆきに任せるよりほか仕方がないと、諦め切れずにも諦めるよりほか仕方がないのだと思っている。作者は現実に対し、世の不公平に対し、ことに女の運命に対し、不平不満を抱いているが、そこから出る道は知らない。現実というものはこういうものだ、これが人生だ、との諦念的な人生観がうかがえる。

但美登利内心仍是爱慕信如，信如也是同样被美登利所吸引。在一个下霜的清晨，美登利发现门前有人给留下一束人造水仙花，而转天就是信如出家的日子。作品描写了少男少女初露的恋情，而作者要揭示的是主人公们的这样一种命运——内心爱恋着对方，但在不如意的人世间，信如遁入佛门，美登利委身青楼，最后只能相互无言地别离而去。这其中可见作者对生活于最底层人们悲惨境遇的同情，对现实社会的不满。

但是这部作品中这些少男少女如何办才好，怎样发展下去才好，对此作者也是全然不知，唯有认为只能顺其自然，不能彻底绝望却又无可奈何。作者对现实、对社会的不公，尤其对女性命运抱有不平与不满，却不知道出口在哪儿。从这儿可以看出作者对无奈的现实和人生的一种无望的人生观。

---

①　ままならぬ：不遂人愿。

一葉は、名声を生前にもらっても価値はないと言っていたそうだが、彼女は今や日本文学史上ゆるぎない地位と名声を得ている。2004年より、一葉は女性作家としてはじめて五千円札の顔になった。

据闻一叶曾说生前的名声不值一文,但她现在则获得了日本文学史上不可动摇的地位与名声。从2004年开始,一叶的头像被印在了五千日元纸币上,这在女作家中是史上第一次。

第二節　浪漫主義文学

ロマン主義は、18世紀末から19世紀半ばにかけて、西欧に興った芸術上の思潮である。それまでの古典主義や合理主義に対抗して、人間の個性や自我の解放を重んじ、夢や想像・理想の世界を求めて自由に表現することを主張した。ホフマン①、ワーズワース②、バイロン③、ユゴー④などがその代表である。

西欧のロマン主義に該当するような日本の文学運動は、夏目漱石によって浪漫主義の訳語があてられ、明治20年代

浪漫主义是18世纪到19世纪中叶在西欧兴起的艺术思潮。浪漫主义是与其前的古典主义和合理主义相对抗的,它重视人的个性与自我解放,追求并主张自由表现梦想、想象和理想的世界。霍夫曼、华兹华斯、拜伦、雨果等是浪漫主义的代表人物。

相当于西欧"ロマン主義"的日本文学运动称之为"浪漫主義",这个名称由夏目漱石的翻译而来。日本的浪

---

① ホフマン:霍夫曼。
② ワーズワース:华兹华斯。
③ バイロン:拜伦。
④ ユゴー:雨果。

第一章　明治時代の文学

(1887—1896)に北村透谷を中心人物とした雑誌『文学界』において確立され、のち与謝野鉄幹主宰の『明星』(1900年創刊)によって継承された。一般に、『文学界』時代を前期浪漫主義と、『明星』時代を後期浪漫主義とされる。

前期浪漫主義は、北村透谷の評論、島崎藤村の詩に代表され、個性的、主観的な真実を情熱をもって追求した。この派は残存する封建性を排斥する一方で、個人の解放を求めるとともに、恋愛や芸術の絶対性を主張することに力を注いだ。文学の上では功利主義を排斥し、実用を退けた。また内部生命の価値と権威を尊重して、その根源を深く掘り当ててゆく事を主唱している。この一派に直接影響したものが、主としてイギリスの詩文であっただけに、イギリス浪漫主義の特色たる中世的なものへの思慕、自然への愛好が目立っている。彼らの多くの作品は、断片的な主観の表白であり、未熟な青年臭を脱していないが、真摯にして誠実な生への志向を追求した。

北村透谷は、前期浪漫主義運動の指導者的役割を果たした。彼は、ヨーロッパの文学やキリスト教から影響をうけ、情熱的な評論や恋愛至上主義的な詩におい

漫主义于明治20年代(1887—1896)由以北村透谷为核心编辑的杂志《文学界》确立，之后被与谢野铁干主编的《明星》(1900年创刊)所继承。一般将《文学界》时期称为前期浪漫主义，《明星》时期称为后期浪漫主义。

前期浪漫主义以北村透谷的论评、岛崎藤村的诗作为代表，热情地追求个性的、主观性的真实感受。这一派一方面排斥封建残余，另一方面在追求个人解放的同时还力主爱情、艺术的绝对性；文学上排斥和摒弃功利、实用主义。同时尊重精神生命的价值与权威，并倡导要对其根源持续深入地予以挖掘。直接影响这一派的主要是英国的诗文，因此这一派的作品中对英国浪漫主义很有特色的中世作品的倾慕、对自然的喜爱就比较突出。前期浪漫派的很多作品是零碎的主观表白，还没有脱去幼稚青年的味道，但它们都真挚地表露了对真实生命的向往。

北村透谷在前期浪漫主义运动中起到了领导者的作用。他受到了欧洲文学以及基督教的影响，通过激情的评论和爱情至上主义的诗作，诉求个

て、個人の尊厳と自由を訴えた。島崎藤村は、北村透谷らと『文学界』を創刊したが、透谷の死後、島崎藤村の抒情的な詩が『文学界』の浪漫主義を引き継ぐ。藤村は、詩集『若菜集』で、清新の新体詩を作り、浪漫主義詩人としての名声を博したが、のち小説に移り自然主義の代表的作家となった。

後期浪漫主義は、『明星』を中心に展開され、1900年代の浪漫主義文学運動の中枢となり、その全盛を極めた。中でも与謝野晶子は、歌集『みだれ髪』など奔放な想像力と激しい情熱を湛えた詩を書いて、この時期の浪漫主義を代表した。この派は、詩の本質が自我の発揮にあると宣言し、個性の自由そのもののうちにないあらゆる法則の解除を要求したが、それは、官能解放の直截な詩的表白と、現実を美化した空想に陶酔する創造との二性格をもつ。前期浪漫主義の人生の内面的解釈に止まらず、主観化した世界と人生を生きようとし、詩の限界を無限に発展させ、全生命を詩的なものの中に置き換えようしたところに、後期浪漫主義の発展があった。

また、『文学界』や『明星』との関係があまりない浪漫主義的傾向をもつ作家に

人的尊严与自由。岛崎藤村与北村透谷等人一起创办了刊物《文学界》，透谷死后，藤村的抒情诗继承了《文学界》的浪漫主义(精神)。藤村在他的诗集《嫩菜集》中创作了清新的新体诗，博得了浪漫主义诗人的名声，后来他转向小说创作并成了自然主义的代表作家。

后期浪漫主义是以杂志《明星》为中心展开的，该刊是1900年代浪漫主义文学运动的核心，它将浪漫主义文学推到了顶峰。这其中，与谢野晶子完成了歌集《乱发》等充满奔放想象力与激情的诗歌，是这个时期浪漫主义的代表。这一派的浪漫主义宣扬诗的本质在于自我发挥，要求解除所有不属于个性自由范畴的诸法则，这使它具有了两种性质：一是对情欲解放的不加修饰的诗性表白，二是沉醉于现实美化的一种空想中的创作。后期浪漫主义对前期浪漫主义做了发展，就是它没有停留在前期浪漫主义对人生的内在解释上，而是要游走于主观性的世界与人生之间，将诗的界限发挥到无极状态，并将全部生命都要置换于诗中。

另外，还有一些具有浪漫主义倾向的作家与《文学界》和《明星》并没有

は、幸田露伴と徳富蘆花がいる。

幸田露伴は、当時の文壇に、森鷗外や樋口一葉など新進気鋭の作家が登場した頃で、理想を追い求める浪漫派として現実派の尾崎紅葉と並び称され、明治20年代は「紅露の時代」とも呼ばれた。

徳富蘆花は1900年に『自然と人生』を発表した。清新な感覚で自然を捉え、人間の生活に深く関わっていく姿勢、そこには自由と個人の尊厳が内から支えている。近代を告げる浪漫主義的な情感を湛えた作品だといわれる。

ここでは、主に幸田露伴、徳富蘆花、与謝野晶子を紹介する。

一、幸田露伴

幸田露伴（1867—1947）は、本名は成行で、東京下谷に生まれた。明治の初期すでに頭角を現わした浪漫主義（ロマンチシズム）の作家である。彼はよく尾崎紅葉と併称されているが、しかし紅葉が写実的であるのに対して、露伴は古代的幽玄美や中世的な徳目①を理想とする幻想を追う作家である。また、女物語をお家

---

① 徳目：道德类型，德目。

什么关系，比如幸田露伴和德富芦花。

日本当时的文坛，在森鸥外、樋口一叶这些锐气十足的作家崭露头角的时候，作为追求理想的浪漫派作家，幸田露伴就与现实派的尾崎红叶齐名，两人活跃的明治20年代还被称为"红露时代"。

德富芦花在1900年发表了随笔《自然与人生》。作品中德富芦花用一种清新的感觉来捕捉自然，深入体察人的生活；而支撑他这种写作精神的就是背后的自由与个人尊严。《自然与人生》可以说是一部宣告近代来临的饱蘸浪漫主义情感的作品。

这里主要介绍一下幸田露伴、德富芦花、与谢野晶子这三位作家。

幸田露伴（1867—1947）的本名叫（幸田）成行，生于东京下谷，是明治初期已崭露头角的浪漫主义作家。虽然幸田露伴常与尾崎红叶并称，但与红叶的写实风格不同，露伴是一位以古代幽玄美及中世道德观为理想的追求幻想的作家。同时，红叶的看家本领是描写女性故事，而露伴则是擅长描写男性故事的作家。露伴自青年时代

芸とする紅葉に対し、露伴は男物語の作家である。幸田露伴は青年時代から、『風流仏』、『露団々』、『五重塔』、『連環記』などの小説を書いた。

『風流仏』は珠運という青年彫刻家が百里の彼方にある女性を思慕してやまぬその一念を芸術創作に注いで、女の裸像を彫刻する。できあがった彫刻は生きるがごとく、珠運に対してにっこりと微笑む。彼はうっとりとこれを擁し、彼と裸像の魂は大空に遊ぶという夢幻神秘的な構成である。

『五重塔』のあらすじは次のようである。のっそり十兵衛というあだ名を持つ大工はすばらしい腕を持ちながら、世渡りが下手な人である。ある時谷中の感応寺で五重の塔を建てることになり、それに川越の有名な大工の源太が選ばれたことを聞く。十兵衛はこれこそ自分が命がけでやるべき、自分の名を残すべき仕事だと思い、源太をたずね、その仕事をゆずってくれとたのむ。親切な源太は、では協力してやろうと言うが、十兵衛はいやだと言う。源太が自分が従で、十兵衛が主ではと言ってもそれも断る。ついに源太は全部十兵衛にゆずって、さらに自分の秘術を教えてやろうとするが、十兵衛

开始写了《风流佛》、《露珠圆圆》、《五重塔》、《连环记》等小说。

《风流佛》说的是一个叫珠运的青年雕刻家深爱着百里（注：日本的1里＝3.924公里）之外的一位女子，于是珠运就将他的一片痴心倾注于艺术创作上，雕成了一座裸女像。完成的这个雕刻作品栩栩如生，她对着珠运笑意盈盈。珠运陶醉地拥着雕像，感觉自己与雕像的魂魄双双畅游于浩瀚天空一般。小说描写的就是这样一种神秘梦幻的情节。

《五重塔》的故事情节是这样的：绰号叫老牛十兵卫的木匠技艺高超，但却拙于世事。当他听说谷中的感应寺拟建五重塔、并选中了川越的名匠源太时，便认定这是自己不惜性命要做的并让自己扬名四海的工程。于是十兵卫去找源太，请求他将这个活儿让给自己。源太为人豪爽，当即同意和十兵卫联手来做，但被十兵卫拒绝了。即便源太说自己打下手、让十兵卫来负总责，十兵卫还是不干。最终，源太同意将活儿全部让给十兵卫，甚至打算将自己的独门手艺传授给他，可这十兵卫却不接受源太的传授，说要靠自己一人之力来建。十兵卫呕心

は教えられることを拒否し、自分一人の力でやると言う。十兵衛はたいへんな苦心で五重の塔を作り上げるが、明日落成式という日の夜、大風が来る。家は飛ばされ、五重塔も壊されそうなたいへんな嵐であるが、十兵衛は自分の力を信じて、その嵐の吹きつける塔の中に立ち、一夜をすごす。それを塔の下で見守っていたのは源太であった。嵐はすぎたが、五重塔は立派に立っていた。

ここでは、芸道の偉大な力は自然の力にも負けぬという露伴の理想主義が鮮やかに示されている。

沥血建成了五重塔。在落成典礼的前一天夜里狂风来袭。这是一场几乎可以掀翻屋子、吹倒五重塔的猛烈的暴风雨,但十兵卫坚信自己的力量,立于暴风雨横扫的塔中度过了一夜。当时在塔下守候着的是源太。暴风雨过后,五重塔巍然不动。

这里鲜明地显示出露伴的理想主义,就是艺道的伟力不会败于自然之力的。

二、德富蘆花

徳富蘆花(1868—1927)は名を健次郎といい、熊本県の水俣に生まれた。父の名は一敬、兄は猪一郎(蘇峯)という。先代からひきつづいて、この地方の総庄屋兼代官をつとめており、封建的な家庭主義の家柄である。彼は17歳にキリスト教の洗礼を受け、39歳の時「聖地」エルサレム①に赴き、帰途ロシアのヤスナヤ・ポリヤナにトルストイ②を訪問した。40歳

德富芦花(1868—1927)名为健次郎,生于熊本县的水俣。其父名为一敬,其兄名为猪一郎(苏峰)。芦花家自先祖开始就代代为当地的庄主兼代领主,是一个封建家族制的家庭。芦花17岁时接受基督教洗礼,39岁时赴圣地耶路撒冷朝圣,归途时到俄罗斯的亚斯纳亚·波良纳庄园拜访了托尔斯泰。40岁隐居于东京府下千岁村,

---

① エルサレム:耶路撒冷。
② トルストイ:托尔斯泰。

東京府下の千歳村に隠居、晴耕雨読の生活に入る。1927年60歳で死ぬ。

主な作品に『不如帰』、『思出の記』、『自然と人生』、『黒潮』、『宿生木』、『みみずのたはこと』、『黒い目と茶色の目』、『富士』などがある。

これら一連の作品から見ると、彼の人生観および世界観には、プチブルジョア的ヒューマニズムと平和主義、改良主義(『宿生木』、『不如帰』、『自然と人生』)にロマンチックな空想主義(『みみずのたはこと』、『思出の記』)、それにキリスト教的無抵抗主義(『黒い目と茶色の目』、『富士』)の色彩が入り混っている。その取り扱うテーマは封建制家庭から生ずる悲劇(『不如帰』)、政治、社会問題(『黒潮』、『宿生木』)、ロマンチックな自然礼賛(『みみずのたはこと』、『自然と人生』)などである。

小説『不如帰』が彼の代表作である。その梗概は次のようである。

片岡陸軍中将の娘浪子は、故川島男爵の息子海軍少尉川島武男と結婚し、そこに幸福であるべきはずの夫婦相愛の生活がはじまる。ところが、武男には気むずかしいわがままな寡婦の母がいる。彼女は、人間よりも「家」(川島家)を重んじ、長

过着晴耕雨读的生活。1927年60岁时去世。

主要的作品有《不如归》、《回忆录》、《自然与人生》、《黑潮》、《寄生树》、《蚯蚓的戏言》、《黑眼和茶色眼》、《富士》等。

从芦花的这些作品可以看出,他的人生观及世界观里糅合了很多色彩:有小资产阶级的人道主义、和平主义以及改良主义(如《寄生树》、《不如归》、《自然与人生》),有罗曼蒂克式的空想主义(如《蚯蚓的戏言》、《回忆录》),还有基督教的不抵抗主义(如《黑眼和茶色眼》、《富士》)。作品涉及的主题有封建制家庭产生的悲剧问题(《不如归》),有政治、社会问题(《黑潮》、《寄生树》),还有罗曼蒂克式的自然礼赞(《蚯蚓的戏言》、《自然与人生》)。

小说《不如归》是芦花的代表作。下面是故事梗概。

陆军中将片冈的女儿浪子与已故男爵川岛的儿子海军少尉川岛武男结婚,由是开始了原本应该幸福的夫妻恩爱的生活。然而武男有一个任性、难于打交道的寡母。她比起"人"来更看重"家"(川岛家),常年伺候火爆脾

年の間かんしゃく持ち①の夫に仕えた結果、夫の気質を受けついで、「江戸の敵を長崎で討つ」のようなわがままを、姑の権威をもって嫁浪子にふるまう。武男の遠洋航海中、浪子はたまたま肺結核となり、逗子の片岡家別荘で療養することになる。その間、姑は嫁の病気は恐ろしくて家系断絶の危険があるというので、浪子に三行半②をおしつける。武男が家に帰りそれを知った時、母に強く反対するが、母は「お前の命が惜しい、川島家が惜しいのぢゃ」、「浪は小の虫、おまえ——川島家は大の虫ぢゃ」と言って頑と聞かない。武男も憤慨し、「あなたは、浪を殺し、…この武男を御殺しなすった。もはや御目にかかりません」と言って、戦場に去っていく。一方浪子は嘆き悲しみの果て、身投げも企てたが、人に救われて死に切れず、その後病もいよいよ重くなり、ついに武男の名を呼びつつ「ああ辛い！ 辛い！ もう——もう婦人なんぞに——生れはしませんよ」との一言を残して、死んでいく。任を終えて帰ってきた武男は、浪子の眠る墓地に詣で、はからずも、そこで

气的丈夫，使她也染上了她丈夫的性子，就像"江户的仇在长崎报"一样，她以婆婆的威严将自己的蛮横全发泄到媳妇浪子身上。在武男出海远航的时候，浪子偶染肺结核，于是到片冈家位于逗子的别墅疗养。这期间，婆婆怕媳妇的病危及到自家的香火延续，就强行给浪子发了休书。武男回家知道此事后坚决反对母亲这样做，但他母亲说"你的命金贵，川岛家金贵"，"浪是卒，你——也就是川岛家是车"，根本听不进去（他的话）。武男也很气愤，说了"您杀了浪子，……也杀了您的武男。我再不愿见到您"之后就赴战场而去。另一边厢的浪子悲叹至极以致打算投海自尽，但被人救起没能死成。其后她的病势愈发严重，最后她唤着武男的名字，留下一句"啊！好苦呀！好苦呀！我绝不再——绝不再生为妇人"便离世了。武男结束任务回来后来到浪子永眠的墓地拜祭，不期然他在那里碰到了片冈中将，眼含热泪的两人紧紧地把手握在一起。

---

① かんしゃく持ち：脾气暴躁者。

② 三行半：休书。

片岡中将に出会い、涙を流して2人は固く手を握った。

浪子と武男の物語は、中国の漢の「楽府」民謡「孔雀東南飛」(『古詩為焦仲卿妻作』(古詩、焦仲卿の妻の為に作る))のストーリーとよく似ている。その筋は、劉蘭芝は下級の役人焦仲卿の妻であり、機織りなど昼夜を分かたずよく働き、姑にも孝行であるが、どうした因縁か、姑の歓心を得ることができず、姑は焦仲卿の切なる哀願にも耳をかさず、とうとう嫁の蘭芝を追い出してしまった。相愛する2人はすっかり途方に暮れ、悲観、憤慨のあまり、ついに相対死の道をえらんで封建的家父長制度に抗したのである。

『不如帰』は、封建家庭の悲劇、貴族的家族制の非人間的残酷性を正面に持ち出したものの、悲劇の生ずる本当の原因を、広い社会的視野から、明治絶対主義下の家父長制から批判し、深く究め得ず、ただ原因が姑の理不尽のよこしま①な性格に帰してしまい、浪子の身にふりかかる不幸も運命的な悲劇のように思わせている。小説に出てくる主な人物は、浪子や武男ばかりでなく、片岡中将も善良な肯

浪子与武男的故事很象中国汉乐府民歌《孔雀东南飞》(《古诗为焦仲卿妻作》)的情节内容。《孔雀东南飞》讲的是刘兰芝嫁给小官吏焦仲卿为妻，不分昼夜地织布操劳并孝顺婆婆，可不知因何缘由，她始终讨不到婆婆的欢心。婆婆不顾焦仲卿百般哀求，还是将媳妇兰芝赶出家门。相爱的两人别无他法，唯有悲叹、愤懑，最后双双以死来反抗封建家长制。

《不如归》正面揭示出了封建家庭的悲剧、贵族家族制的那种非人的残酷性，但它没有从广阔的社会视野、明治专制主义下的家长制来批判、深究悲剧产生的真正原因，而是将其归咎于婆婆不近情理、乖戾的性格，让人认为降临到浪子身上的不幸也是命中注定的悲剧。小说中出场的主要人物不光是浪子、武男，连片冈中将也被塑造为善良、值得肯定的人物。因此对来

---

① よこしま：邪恶，不公。

定すべき人物に仕立てている。だから社会制度からくる矛盾を結局は、武男と片岡中将の握手によって解決されたかのように思わせ、問題をうやむやのうちに葬ってしまったのである。

『不如帰』の取り扱うテーマは、明治絶対主義下の家父長制の残酷性であるが、しかし小説の批判するところはこれに止まらず、明治社会の軍の御用商人と陸海軍の将校との結託とか、贈賄、あるいは陸海軍の対立や、その内部の分裂などについても批判的に写した。さらに御用商人が政府の庇護のもとに莫大な財産を作り、戦争がはじまると儲かるぞと言って狂喜するなど、この時期においてすでにつかんでいることは、特記すべきところである。

自于社会制度的矛盾，让人觉得最终是靠武男与片冈中将的握手给解决了似的，而问题则在模糊中给处理掉了。

《不如归》描写的主题是明治专制主义下家长制的冷酷无情，但小说批判的却不止于此，对于明治社会的军队御用商人与海陆军（高级）军官的勾结、行贿以及海陆军之间的对立、内讧等也予以了批判。甚至对御用商人在政府的庇护下聚敛了庞大财产、口称"战事一开，黄金万两"而欣喜若狂的情形，作者在当时就已经关注到了，这是应当为作者记上一笔的地方。

三、与謝野晶子

与謝野晶子（1878—1942）は本名を鳳晶といい、堺の菓子屋の生まれで、箱入娘として育ったのであるが、少女時代から文学や古典に親しんでいた。与謝野寛（鉄幹）が新詩社を作り、機関誌『明星』を創刊（1900）するに及び、晶子は同社に入り、『明星』を通じて鉄幹と知り、激しい恋愛

与谢野晶子（1878—1942）的本名叫凤晶，生于堺市的一户点心铺人家。家中把她是作为深闺小姐来养育的，而她从少女时代就开始喜爱文学和古文。时值与谢野宽（铁干）创办了新诗社和社刊《明星》（1900年创刊），晶子就进了该诗社并通过《明星》结识了铁

に陥っていった。鉄幹は当時妻帯者であり、晶子は封建的な旧家①と世論の反対を押し切って家を飛び出して上京し、鉄幹の家に入り、鉄幹も離婚して、2人は結婚したのである。

　このことは、封建性の色濃い明治社会で、女が自分で男を選び、しかも妻ある男を奪い取るということは、社会のしきたりや習わしに反するばかりでなく、明らかに天皇制社会に対する反逆的な行為であり、いわゆる「醇風美俗」に対する挑戦を意味するのであった。

　『明星』派の新詩社のロマン主義の特質は、人間性の尊重と唯美的傾向とにある。それは、時代の現実に抑圧されながら、自我の拡充と本能の解放とを強調して、あらゆる封建的束縛から離脱するとともに、主観と空想のうちに美を唯一の真実のものと見なし、現実をも美化してみる態度をとったのである。『明星』の短歌の特色をあげれば、内容的には情趣的、唯美的、絵画的、幻想的であり、技法としては構成的、比喩的、象徴的であり、また題材の新奇語の氾濫と句法の斬新さが指摘される。

干,(之后)两人疯狂地坠入了爱河。铁干当时已有家室,晶子不顾自己这个封建大户人家与周围舆论的反对离家赴京到铁干家,当时铁干也离婚了,于是两人结了婚。

　在封建色彩浓厚的明治社会,女的自己挑男的并且是夺走有妇之夫这样的事,不仅有违社会规范和习俗,显然是对天皇制社会的反叛行为,还意味着是对所谓"淳风美俗"(这个传统)的一种挑战。

　《明星》派新诗社的浪漫主义特征表现在对人性的尊重和唯美倾向上。它强调虽受到时代现实的压迫仍要进行自我拓展与本能解放、摆脱所有的封建束缚,同时在主观与空想中视"美"为唯一的真实,采取美化现实的创作态度。如果举出《明星》刊载的短歌特色,那可以指出:它们在内容上是抒情的、唯美的、如画的、梦幻的,在技法上是有层次感的、(运用了)比喻性和象征性,同时在题材上大用特用新奇词汇,还有在句法上推陈出新等。

---

①　旧家:世家,名门。

第一章　明治時代の文学

　与謝野晶子は明治33(1900)年、『明星』が創刊されるに及んで、新詩社に入った。そして、翌34年『みだれ髪』を出版し、歌壇に驚嘆とセンセーション①を巻きおこした。それは歌数399首の一小冊子にすぎなかったが、鉄幹との恋愛の過程に生み出されたものと言われ、作者の奔放な情熱と夢幻的な空想とが、豊麗な語と、清新な調べと相まって独自のロマン情緒を爆発させて、ロマン主義文学のピラミッド②を打ちたてた。そこには封建的な道徳や因襲に対して敢然と戦う人間肯定、現実肯定の精神が見られ、恋愛賛美と青春の憧憬が大胆に歌い放たれている。晶子は、

- 道をいわず　後を思わず　名を問わず　ここに恋い恋う　君と我と見る
- その子二十　櫛に流るる黒髪の　おごりの春の　うつくしきかな
- やわ肌の　あつき血汐に　触れも見で　さびしからずや　道を説く君

などと歌い、うちの「やわ肌」の歌によって彼女は、「やわ肌」の晶子と呼ばれるようになった。

　また、京洛内外の風物や情緒をロマン

---

① センセーション：感动，轰动。
② ピラミッド：金字塔。

与谢野晶子于明治33(1900)年《明星》创刊时加入了新诗社，并在转年即明治34年出版了《乱发》，在歌坛引起一片惊叹与轰动。该歌集不过是仅收录399首短歌的一本小册子，但这是她在与铁干的恋爱过程中写出的。作者奔放的热情、梦幻般的想象通过与绚丽的词藻、清新的韵律相结合，让作者独有的浪漫情绪得以爆发，从而筑起了一座浪漫主义文学的巅峰。其中可以见到作者对封建道德、旧礼教果敢抨击的肯定人性、肯定现实的精神，同时还有作者对爱情赞美和对青春憧憬的大胆讴歌。

晶子咏道：

- 不问名不言道不思今后事，在此处，唯有四目含情你同我。
- 那女子双十年华，君不见，青丝秀发美如盛春。
- 柔肤中热血流淌，无抚爱，只懂说教多寂寞。

其中的"细嫩肌肤"这首短歌还让她获得了"'细嫩肌肤'的晶子"这个称号。

晶子还写了一首有名的和歌，它

的幻想によって美化した、

- 清水へ　祇園をよぎる　桜月夜
　こよい逢う人　みなうつくしき

という有名な歌がある。

　晶子は感情一点ばりで、家庭的拘束、天皇制秩序、「醇風美俗」など一切を返り見ずに、いわば有頂天になって思いのまま歌いまくり、封建倫理に挑戦的な態度をとった。が、その思想的根ざしはまだ弱いものであった。彼女は封建家庭から抜け出すことによって自由と喜びを得たものの、その自由は小市民的、プチ・ブルジョア的自由であり、個人的小天地の喜びにすぎなかった。『みだれ髪』の基調を流れるものは、個人の主張であり、青春情熱のむき出しの謳歌であり、芸術と美に対する礼賛であった。それは、現実社会と広汎な人民大衆の物質的生活とはかけ離れた主観的、空想的なものであり、現存秩序に対する反逆の一面もあるが、同時にまた小市民的な頹廃的な享楽主義的な一面もあった。『毒草』、『恋衣』、『常夏』、『佐保姫』などとつづいて数多い歌集を刊行したが、それらはもはや『みだれ髪』の時の清新さ、激しさを失い、形の上での流麗さを追求し、懐古的、享楽的、唯美的な作風に陥ってしまったのである。

用浪漫的想象优美地描绘了京都内外的风情和作者的幽思。这首歌是这样写的：月夜清水邸园街，樱树下，心醉途人皆如花。

　　晶子感情执着，全然不在乎家庭的束缚、天皇制下的秩序、（所谓的）"淳风美俗"（的传统），可以说她是在欢快地自由地尽情歌唱，抱着的是向封建伦理挑战的一种态度。但是，她的思想根基还是脆弱不稳的。她通过逃离封建家庭获得了自由和喜悦，而其自由却是小市民的、小资产阶级式的自由，不过是（局限于）个人小天地的一个喜悦罢了。《乱发》的基调所展现的是个人主张、是对青春热情的大胆讴歌、是对艺术和美的礼赞。这些都远离现实社会和广大人民群众的物质生活，是一种主观的、空想的东西。虽然它们有反现存秩序的一面，但同时还有小市民那种颓废、享乐主义的一面。其后晶子接连出版了《毒草》、《恋衣》、《常夏》、《佐保姫》等大量诗集，但它们已经失去了《乱发》时期的（那种）清新与激昂，（转而）追求起形式上的流畅华丽，诗风变得怀旧、享乐、唯美。

第一章 明治時代の文学

晶子の作品で記念すべき1つの詩作がある。それは「旅順港包囲軍の中にある弟を嘆きて」の副題をつけた『君死にたまふことなかれ』(1904)という反戦詩である。

　ああおとうとよ、君を泣く
　君死にたまうことなかれ
　末に生れし君なれば
　親のなさけはまさりしも

　親は刃を握らせて
　人を殺せと教えしや
　人を殺して死ねよとて
　二十四までを育てしや
……

これは晶子の『君死にたまふことなかれ』の第1、2節である。赤裸裸な庶民的切実感に貫かれた、調子の高い反戦詩である。しかも日本軍国主義が侵略戦争に熱中し、戦争遂行のさなかに、晶子がそれを憚ることなく『明星』に発表したのである。まったく大胆に軍国主義者が引き起こした戦争に正面から反対し抗議している。

晶子的作品中还有一首值得纪念的诗作,这就是副题为"叹身处旅顺港围军中的胞弟"的《你,不要死!》这首诗。

　啊!吾弟,我为你哭泣,
　千万不能送死去。
　你是雁序最末之子,
　爹娘宠爱于一身。

　春晖庭训遵正道,
　难道教你去杀人?
　二十四载恩情重,
　讵料天涯成亡命。

上面是晶子的诗《你,不要死!》中的第1和第2节。其中贯穿着普通百姓一般的坦荡、真实的感受,是一首格调很高的反战诗。时值日本军国主义推行、沉溺于侵略战争的疯狂时期,晶子无畏地将这首诗发表在《明星》诗刊上,毫不畏惧地正面反对、抗议了军国主义发动的战争。

第三節　自然主義文学

　　自然主義文学は、19世紀60年代のヨーロッパにその源を発し、中心がフランスである。代表作家ゾラ①、フローベル②、モウパッサン③、ゴンクール兄弟④などで、ゾラがその横綱⑤である。

　　ゾラの自然主義は、芸術は生活に接近すべきであると主張し、客観的に広く描くべきであると主張した。彼は、社会現象と生物現象が同じものだと見て、人生を遺伝や環境から進化論的に考えている。彼は現存する一切のものを残らず精密に書き記せば、これが芸術であると言い、芸術は政治や道徳とは没交渉⑥に独立すべきであると主張した。

　　日本の自然主義が一つの文芸思潮として形成したのは、だいたい明治の末期で、

　　自然主义文学起源于19世纪60年代的欧洲，法国是它的中心。代表作家有左拉、福楼拜、莫泊桑、龚古尔兄弟等，左拉是其中的重量级作家。

　　左拉的自然主义主张艺术应当接近生活，并应当客观、广泛地予以描写。他将社会现象等同于生物现象，从遗传、环境等进化论的角度来思考人生。他说艺术就是将现存的一切事物都无遗漏地精确记录下来，主张艺术应与政治、道德等分开独立出来。

　　日本的自然主义作为一个文艺思潮大体形成于明治末期，自此在文坛

---

① ゾラ：左拉。
② フローベル：福楼拜。
③ モウパッサン：莫泊桑。
④ ゴンクール兄弟：龚古尔兄弟。
⑤ 横綱：横纲（相扑最高级）。
⑥ 没交渉：无关，无来往。

第一章　明治時代の文学

以来、文壇に大きな勢力を持ちつづけ、日本近代文学史上においてきわめて注目すべきものとなった。

明治の自然主義は、もちろんヨーロッパにおけるナチュラリズム①の影響を受けて、花開いたものであるが、そこには日本独自の特色もあるのである。

西欧のナチュラリズム、特にフランスのナチュラリズムは、社会の病的な裏面に鋭くメスを突き込み、そこに見出される社会的な問題を取りあげ、それを自然科学的な状態で描き出す点で大きな特質をもっている。日本の自然主義も出発の当初においては、そのような社会的関心を一応は示していた。しかし、当時の日本には、自然主義科学の思想がまだ未熟であったので、その描写に科学的な手法を取り入れるところまでは至らなかった。そのため、社会を対象とする傾向からしだいに個人の問題に移り、その表現態度も自然科学的というより純客観的というべきものになったのである。そこに取りあげられる素材もほとんど作家個人の私生活に限られ、作家個人の私生活の裏面を暴露し、そこに人間自然の姿を

的势力渐趋强大，成了日本近代文学史上极受关注的一个流派。

明治的自然主义当然是受到欧洲自然主义影响而开花结果的，但它也有日本独自的特色。

西欧的自然主义、特别是法国的自然主义有一个很大的特征，就是它尖锐剖析社会的病态阴暗面，并对其中发现的社会性问题用类似自然科学的那种形态来予以描写。日本的自然主义在扬帆出航的最初阶段，基本上也显示出了对社会的那种关注。但在当时的日本，因为自然主义的科学思想还不够成熟，所以还没有发展到运用科学手法来描写社会这个阶段。因此，(日本的自然主义)由描写社会这个倾向渐渐转到个人问题上，其表现态度也应当说由自然科学式变成纯客观式的了，所涉及的素材也基本限于作家个人的私生活上，通过袒露作家个人私生活的隐秘面来揭示人的自然面目。

---

①　ナチュラリズム：自然主义。

提示しようとしたのである。

　日本における自然主義の代表作家は、島崎藤村、田山花袋、徳田秋声、正宗白鳥などであるが、国木田独歩、長塚節などもそのような傾向がある。

　日本における代表的自然主義作家、藤村、花袋、秋声、独歩なども特に初期においてはいくつかの作品、例えば藤村の『破戒』、花袋の『一兵卒』、独歩の『窮死』などは、やはり自然主義的立場に立ってある社会現象の一暗黒面を描いており、いずれも明治社会の社会的矛盾、罪悪にまでタッチしていて、そこにおのずからリアリズム的な要素も浮んできている。

　1906年3月に島崎藤村によって『破戒』が書かれ、翌年の9月に田山花袋が『蒲団』を発表するに及んで、自然主義は日本近代文壇における決定的な時代思潮となった。藤村と花袋がその先陣的な役割を果したとすれば、この陣営の勇将に徳田秋声、正宗白鳥、国木田独歩、岩野泡鳴、長塚節、それに理論家の長谷川天渓、島村抱月などがいる。

日本自然主义的代表作家是岛崎藤村、田山花袋、徳田秋声、正宗白鸟等,国木田独步、长塚节等也有类似倾向。

藤村、花袋、秋声、独步等日本代表性的自然主义作家特别是在他们初期的几部作品里,如藤村的《破戒》、花袋的《一个士兵》、独步的《穷死》等仍是站在自然主义的立场上描写社会现象的一些黑暗面,都触及到明治社会的社会矛盾和罪恶,这自然而然也显现出了一些现实主义的成分。

岛崎藤村在1906年3月写成了《破戒》,到转年9月份田山花袋发表《棉被》,自然主义成了日本近代文坛一个决定性的时代思潮。如果说藤村和花袋起到了先锋作用,那这个阵营里还涌现了其他众多闯将,如徳田秋声、正宗白鸟、国木田独步、岩野泡鸣、长塚节;此外还有理论家长谷川天溪、岛村抱月等人。

一、島崎藤村

　島崎藤村（1872—1943）は、現在の

岛崎藤村(1872—1943)生于现在

第一章 明治時代の文学

長野県木曾馬籠に生まれた。家は代代庄屋をつとめていた。『破戒』の外、主な作品に『春』、『家』、『夜明け前』及び『若菜集』、『一葉舟』、『夏草』、『落梅集』などの詩集がある。

『破戒』の主題は、不当な身分的差別冷遇のうちに置かれた青年——特殊部落出身の小学校教員が、これに苦悩し、もがいているところを描いている。主人公の苦悩の原因は、明らかに社会的封建的桎梏からくる不当な人身圧迫である。作品は、彼を取り巻く険しい社会環境、人と人との間のもつれ合いなどを自然主義的に描いている。

信州飯山町の小学校教師瀬川丑松は、特殊部落出身の青年である。父の「たとえいかなる目を見ようと、いかなる人にめぐりあおうと決してそれとは打ち明けるな。一旦の憤怒悲哀にこの戒めを忘れたら、その時こそ社会からすてられたものと思え」という固い戒めを守って、自分の素姓を隠していた。丑松は同じ部落民出身の猪子蓮太郎の新しい思想に共鳴し、出身を堂々と名乗って人種的偏見と戦っている彼の態度を心から慕っていた。

丑松の勤めている学校の校長は、首席

长野县的木曾马笼村,家中世代为庄主(即村长)。他除了《破戒》外,主要的作品还有小说《春》、《家》、《黎明前夕》以及《嫩菜集》、《一叶舟》、《夏草》、《落梅集》等诗集。

《破戒》的主题描写的是:特殊部落(贱民)出身的青年小学教师因为被置于不公正的身份歧视、冷遇之中而苦恼和挣扎的故事。主人公苦恼的原因明显是来自社会,封建桎梏下不应该的人身压迫。作品用自然主义式的手法描写了主人公身处的险恶社会环境以及人与人之间的种种纠葛。

信州饭山镇的小学教师濑川丑松是特殊部落出身的青年。他的父亲一直劝戒他说:"不管遇到什么霉事,遇到什么人,你绝不能说出自己身份。你要想清楚——一旦因为愤怒、悲伤忘记了这个戒条,那就是你被社会抛弃的时候。"丑松坚守着这条铁训,隐藏着自己的身份。丑松与同样出身部落民的猪子连太郎的新思想有着共鸣,从心底里敬慕猪子毫不隐讳自己的出身并与人种偏见做斗争的态度。

丑松是学校的首席教师,深受学生

教員で、生徒の人望もあり、また猪子の本などを読むという進歩的思想の持主の丑松をじゃまなものと思い、なんとかして退けようと考えている。丑松はこういう古臭い考えの校長などと戦おうとするが、部落出身者ということが分かってしまうと、みじめに世間から葬られるばかりだと恐れて、激しく動揺し悩む。

ところで高柳という曲者がいる。彼は代議士選挙の資金獲得のため金持ちの部落民の娘と政策的に結婚している。この高柳の妻になった部落民の女が、丑松のことを知っていたため、丑松の素姓は高柳を通じて校長へ洩れてしまい、校長はそのことを口実にして丑松を学校から追い出そうと謀る。

ところで一方、猪子連太郎は、高柳の政策結婚が部落民を侮辱したものとして憤り、飯山へ選挙闘争に乗りこんでくる。しかるに①連太郎は、演説会の途上、高柳派の暴力によって殺される。このことによって丑松は、決然として自分の秘密を明らかにしようと決意する。彼はある日教壇から教え子に向かって、素姓を告白し、生徒と決別する。そして恋人

爱戴，同时还是阅读猪子著作的一个思想进步的人；然而丑松任教的学校校长却认为他是个绊脚石，总是想方设法地要挤走他。丑松本想与思想陈腐的校长等人做斗争，但他害怕自己的部落民身份暴露后将会惨遭社会抛弃，这使他思想激烈摇摆并苦恼不堪。

话说有一个叫高柳的小人，他为了获得众议员选举的资金就与一户富有的部落民家的女儿策略性结婚。成为这个高柳妻子的部落民女知道丑松的事，所以丑松的身份就通过高柳泄露到校长那儿，校长于是以此为借口图谋将丑松赶出学校。

另一方面，猪子连太郎认为高柳的政治婚姻是对部落民的侮辱，于是愤而投入到饭山镇的选战中。然而连太郎在演说结束的归途中，遭到高柳一伙的暴力暗杀。因这个事件，丑松毅然决定公开自己的秘密。(其后的)一天他站在讲坛前向学生们公开了自己的身份与他们诀别，之后他与恋人一道离开日本，到美国的德克萨斯去寻求自由天地。

---

① しかるに：然而,可是。

第一章 明治時代の文学

とともに日本を離れ、アメリカのテキサスへ自由の天地を求めて行くのである。

『破戒』は、明治社会の封建的身分差別制度からくる教育界における腐敗堕落、代議士選挙の不正情実などを批判的に暴露している。ところで、ここに重要な問題が残されている。1つは、丑松も蓮太郎も自分ながら自分を卑しめているのである。それから作品の主題の展開を社会制度からくる矛盾、階級的圧迫の問題追究へもっていくことはせず、かえって主人公の「告白するかしないか」という内心的な煩悶闘争へもっていき、リアリズム的方向への発展の道から反らしている。ことに最後の解決の道になると、丑松をアメリカへやってしまうことによってお茶をにご①している。これは明らかに現実からの逃避であり、無解決の解決方法である。この点などは、自然主義的文学理念の「主観や技巧を排し、あるがままの現実を無解決、無理想、無批判に暴露する」によくあてはまると言えば、よくあてはまっていると言えよう。

藤村は『破戒』の次に『春』、『家』などとつづいて発表したが、いずれも自伝的私

《破戒》批判性地暴露了明治社会封建身份歧视制度所导致的教育界的腐败堕落、议员选举的徇私不公等现象。然而这里却留下来两个重要的问题：一个是丑松也好连太郎也好都自我矮化；另一个是作品主题不是通过探究社会制度引起的矛盾、阶级压迫这些问题来展开，而只是涉及到主人公的"说还是不说"这种内心的烦恼挣扎上，这偏离了作品向现实主义方向发展的轨道。特别是最后的解决之道是通过把丑松送到美国来含糊过去。这很明显是逃避现实，是无解决的解决方法。这些地方如果说很贴合自然主义的"排除主观与技巧，无解决、无理想、无批判地暴露纯粹的现实"这种文学理念倒也恰如其分。

藤村在《破戒》之后接连发表了《春》和《家》等作品，但都是自传式心

---

① お茶をにごす：含糊其词。

45

小説であり、もはや『破戒』の社会的な批判性を無くしてしまったのである。

境小说,同时也已失去了《破戒》的那种社会批判性。

二、田山花袋

　　田山花袋(1871—1930)は、群馬県館林町に生まれた。父は館林藩士である。1904(明治37)年『露骨なる描写』という評論を書き、排技巧の説を主張し、自然主義を高唱した。主な作品に『蒲団』、『一兵卒』、『田舎教師』、『生』、『妻』、『源義朝』などがある。中でも『蒲団』が花袋の出世作であり、自然主義の代表的作品である。

　　『蒲団』は、花袋自身が経験した中年の恋を、できるだけ事実そのままに告白しようとした作品である。竹中時雄という妻子①のある中年の作家は、家庭生活に倦怠しきっている。そこに若い美しい近代的な女性の横山芳子が弟子入りをする。時雄は芳子にひかれてゆくが、そのうちに芳子には若い恋人ができる。嫉妬心から内心の煩悶がいやましに強まっていったあげく②、芳子を故郷へ送り帰す。そして女の移り香の残っている芳子の蒲団に顔をうずめて泣くという場面をもって終

　　田山花袋(1871—1930)生于群马县馆林镇,父亲是馆林藩士。他于1904(明治37)年写了《露骨的描写》这篇评论文章,主张技巧排除论并大力提倡自然主义。主要的作品有《棉被》、《一个士兵》、《乡村教师》、《生》、《妻》、《源义朝》等。其中《棉被》是花袋成名作,也是自然主义的代表性作品。

　　《棉被》是花袋几近如实地袒露自己中年恋情经历的作品。小说讲的是一个叫竹中时雄的有家室的中年作家对家庭生活心生倦怠,这当口一位年轻美貌的现代女性横山芳子来登门拜师。时雄迷上了芳子,然而这期间她有了一个年轻的恋人。嫉妒使他内心的烦闷日胜一日,最终他将芳子送回到她老家。小说结尾描写是时雄将脸埋在留有芳子女性体香的棉被上哭泣这样一幅画面。作品中还刻画了时雄酒后烂醉,厕中横陈自己巨大身躯的

---

① 妻子:家室,妻子儿女。
② ～あげく:最后,结果。

第一章　明治時代の文学

っている。そこには酒を呷って泥酔し大きな身体を厠の中に横たえる自分の姿も暴露されているし、娘を家へ連れてこようとする時、ふと妻との恋の思い出が心に浮び、自分の無節操は事実だからしかたがないと弁解する心理も描かれている。

『蒲団』の主人公竹中時雄は作者花袋のことで、横山芳子は花袋の女弟子岡田美智子をモデルにしている。だから『蒲団』は、小説であると同時にまた大胆な赤裸裸な自己暴露のざんげ録①でもある。この点は、たしかにずばぬけ②たところがあり、おそらくかつて先例のないことであった。また人のことであろうと自分のことであろうと、美であろうと醜であろうと、おかまいなくありのままにさらけだすというのが自然主義的創作方法だとすれば、この作はたしかに典型的な作品である。だが、『蒲団』の試みた恥さらしは、あくまで個人的なものであった。これに比べると『破戒』は、とにかく社会現象を捉【ているから、そこに積極的な意義があるのである。

つづいて花袋は『生』、『妻』、『縁』の

样子,同时也描写了他带女儿回家时,脑中忽然浮现出与妻子的恋爱往事却辩解自己用情不专既已成真也只能如此的这种心理。

《棉被》的主人公竹中时雄就是作者花袋,横山芳子是以他的女弟子冈田美智子为原型的。所以《棉被》既是小说也是大胆、赤裸裸的自我袒露的一部忏悔录。这一点确实有出类拔萃之处,或可称史无前例。同时,不管是描写他人还是自己,也不管是美还是丑,将其全无顾忌地真实展露出来——如果这是自然主义创作手法的话,那这部作品确实是具有典型性的。但是,《棉被》所尝试的爆丑说到底爆的只是个人内容,与之相比《破戒》不管怎样是捕捉了社会现象,这显现出了它的积极意义。

花袋其后接连写下了《生》、《妻》、

---

① ざんげ録：忏悔录。
② ずばぬける：超群,出类拔萃。

三部作を書いたが、これらは自己の身辺を中心に家の生活を平板に描いた私小説的作品である。ただこの三部作に前後して書かれた『一兵卒』及び『田舎教師』は、花袋の代表的作品として注目に値するものである。

『一兵卒』は、日露戦争を背景にし、野戦病院から退院してきた一兵卒（渠）が大陸の荒野をさまよい、故郷のことを思い出しながら、「軍隊生活の束縛ほど残酷なものはないと突然思った。…今忽然起ったのは死に対する不安である。自分はとても生きて還ることは覚束ないという気が烈しく胸を衝いた。此の病、此の脚気、仮令此の病は治ったにしても戦場は大なる牢獄である。いかに藻掻いても焦ってもこの大なる牢獄から脱することは出来ぬ。…」と洩らして死んでゆく一兵卒の姿を通して、支配者や軍閥が何と叫ぼうと、また勝敗のいかんにかかわらず戦争は愚にして悲惨なものだと訴えており、これが一般大衆出身の兵卒には苦痛をしか与えることができないものだと暗示している。人道主義的な立場でありながらも、あのような戦争狂の時代に戦争否定の立場に立ち、軍国的軍隊制度に批判を敢えてしたのは、当時としては珍しい作

《缘》这三部曲。这些作品都具有心境小说的风格，主要是平铺直叙地描写了自己身边的家庭生活。只是在这三部曲前后时间完成的《一个士兵》以及《乡村教师》作为花袋的代表作品值得关注。

《一个士兵》以日俄战争为背景，讲述了一个叫渠的士兵的故事。关于渠从野战医院出院徘徊于内陆荒野上回忆家乡的情节，小说是这样描写的："他突然想再没有比军队生活束缚更残酷的东西了……现在他忽然生出了一抹对死的不安。自己没指望能活着回去了——这个感觉猛烈地撞击着他的胸口。这病、这脚气，即使这些病都治好了，战场却是个大牢狱。不管怎样折腾、怎样焦虑，都不可能跑出这个大牢狱的"。作者通过嘟囔着这些话而死去的小兵——渠的身影，控诉了不管统治者和军阀宣扬什么，也不管胜败如何，战争都是愚蠢和悲惨的，并暗示这只能带给普通百姓出身的士兵以痛苦。虽然只是基于人道主义的立场，但在那个战争狂热的年代里敢于站在反战的立场上批判军国主义的军队制度，这在当时还是很少见的作品。

第一章　明治時代の文学

品である。

　『田舎教師』は、貧しい家に生まれたため中学校をやっと出ると、利根川近くの小学校に教員として赴任する林清三を主人公にしたものである。彼は、大きな希望を抱き、青春の情熱に燃えていたが、現実は、平々凡々たる日々で、自分のまわりを囲む校長や教師たちの俗物的な生活を眺めては「まごまごしていれば、自分もこうなってしまうんだ！」と悲しみに思い悩んでいる。また目を外に向けば、「地主と小作人との関係、富者と貧者の甚しい隔たり、清い理想的生活をして自然の穏やかな懐に抱かれて居ると思った田舎も、矢張争闘の巷、利欲の世であるということがだんだん解って」くる。それに日露の戦雲が日を追って険悪になってくる。彼はますます悩み、やがて病魔におかされる。一方、世間ではますますあわただしくなってくる。日露の開戦、勝利を告げる号外売りの鈴の音が鳴りひびき、勝利を祝う提灯行列が通る。そのとき清三は寂しく世を去ってゆくのである。軍国主義の戦争ムードやお祭りさわぎとは没交渉に、一下積みの青年が悲しく寂しく死んでいく姿を描いている。

　やはり戦争と善良な下積みの民衆の生

《乡村教师》的主人公叫林清三，因为出身寒门，所以中学辛苦毕业后，他就去利根川附近的小学去做教师。他虽然（对未来）抱着很大的希望，也充满着青春的热情，但现实是当他看到在平淡无奇的日子中自己周围的校长和同事们那种俗人般的生活，就不禁悲哀苦闷"这么晃晃荡荡下去，自己也会变成这个样子"。而把目光投向校外，他渐渐明白了"地主与佃农的关系，富人与穷人之间的鸿沟，连原本认为可以过纯净理想的生活，可以躺在大自然舒坦怀抱中的乡下也成了争斗之地、利欲横流的社会"，加之日俄战争阴云日渐密布起来，这让他更加烦心，不久就病魔缠身。另一方面，社会变得更乱，日俄开战、叫卖战事告捷的报纸号外的铃声不绝于耳，贺捷的灯笼游行队伍一路走过。而就在这个时候清三却凄凉地离开了这个世界。小说描写了与军国主义战争气氛以及如节日般的喧闹无关的一个底层青年悲惨、落寞死去的身影。

　　它写的仍然是战争与善良的底层

活とを対立させて描いている。しかしいわゆる平面的な描写方法だから、『一兵卒』にしても『田舎教師』にしても、一悲劇的な現象として描いているが、これらの悲劇を導き出した現実の根源的原因を追求しないところに自然主義の限界性があり、またその文学的特徴があるのである。

民众生活的对立。但因采用所谓平面式的描写法，所以不管是《一个士兵》还是《乡村教师》都把那种对立作为一个悲剧现象来描写，而没有对造成这些悲剧的现实根源进行追究，这是自然主义的局限性，也是这种文学形式的一个特征。

三、国木田独歩

日本自然主義文学に現れるもう一つの特徴としては、好んで下積みの「小人物」を描くということがあげられる。土方①、女中②、小売商、淫売婦ないし明治官僚機構中の下っ端の職員、小学校教員など、要するに搾取され虐げられながら苦しい生活をする人を描くことである。これは日本文学における一つの新しい試みである。というのは、今までの文学はとにかく「大人物」、「英雄的な人物」、少なくとも学者、インテリを主人公に据えていたし、たまに「小人物」が作品に現れても、それは引立役③であり、主人公の「大人物」を飾

日本自然主义文学出现的另一个特征就是爱好描写底层的小人物，如土木工、女佣、小买卖人、娼妇以及明治官僚机构中的底层职员、小学教师等总之是被剥削、被欺凌、生活艰难的这些人。这是日本文学中的一个新尝试。所以这样说，是因为此前的文学说到底是以大人物、英雄人物，至少是学者、知识分子为主人公的，偶有小人物出现在作品中，那也是陪衬，不过是点缀大人物主人公的"生鱼片料理的配菜"而已。但在自然主义作家的作

---

① 土方：土木工，建筑工。
② 女中：女佣。
③ 引立役：陪衬。

第一章 明治時代の文学

る刺身のツマ①でしかない。ところが、自然主義作家たちの作品には、これらの「小人物」を惜しげもなく、シテ役②の位置にもってきたのである。『破戒』に出てくる瀬川丑松、『一兵卒』に出てくる渠、『田舎教師』の林清三などもこの類に属するが、とくに国木田独歩、長塚節、徳田秋声は典型的にこの手法をとっている。

国木田独歩（1871—1908）は千葉県銚子の生まれである。1888年東京専門学校（現早稲田大学）英語科に入学したが、1891年退学した。1894年上京し国民新聞社入社した。1897年処女小説『源叔父』を発表し、1901年初の作品集『武蔵野』を刊行した。1907年『窮死』など現実を凝視した佳作を発表した。1908年6月に死去した。

『窮死』の主人公文公は、過激な労働で肺をおかしながら薬一滴飲むことのできない貧しい労働者である。自分でも「どうせ長くはあるまい」と言っているが、仲間の者がどぶろく③を飲ませたり飯を食べさせたりして元気をつけてやる。彼は土方をしたとき知り合った弁公の家に

品中,这些小人物全都被毫不吝啬地置于主角的位置上。《破戒》中的濑川丑松,《一个士兵》中的渠,《乡村教师》中的林清三等都属于这一类型,作家中特别是国木田独步、长塚节、德田秋声都典型地运用了这一手法。

国木田独步(1871—1908)生于千叶县铫子地区,1888年考入东京专科学校(现早稻田大学)英语专业,1891年退学,1894年赴东京进入国民报社工作。1897年发表了处女作《源老头儿》,1901年出版了第一部作品集《武藏野》,1907年发表了《穷死》等透视社会现实的佳作,1908年6月去世。

《穷死》的主人公文公是个过度劳作染上肺疾却一粒药都吃不起的穷苦工人。他自己都说"反正活不长了",但工友让他喝浊酒、给他饭吃使他好起来了。他于是到做土建工时认识的弁公家去投宿。弁公家也仅有3张榻榻米(约4.8平方米)那么大,与他父

---

① ツマ：点缀，配菜。
② シテ役：主角。
③ どぶろく：浊酒。

泊めてもらいに行く。弁公の家もわずか3畳で親父と寝ていて狭いが、それでも親父が「弁公、泊めてやれ、2人寝るのも3人寝るのも同じことだ。」といって泊めてやる。翌朝、弁公親子が埋立工事に働きに行った後、文公は留守番をする。ところがその日、身なりのいい紳士を乗せた車の車夫の足に親父の跳ねあげた土がかかり、車夫は「気をつけろ、間抜①め」と言って親父に土の塊を投げる。親父は怒って「土方だって人間だぞ、馬鹿にしやアがんな」と叫んで、けんかになり、親父は溝につき落とされて死ぬ。文公はその家を出なければならなくなる。親父の葬式の翌朝、新宿赤羽間の鉄道線路に一人の男の轢死者が転がっていた。それが文公の最期である。

亲一起睡都很挤，即便如此，弁公的父亲还是说"弁公，就让他住下来吧。两个人睡三个人睡都一样"，就收留了文公。第二天早上，弁公父子去填埋工地干活后，文公就给他们看家。可是这一天，弁公父亲铲起的泥土溅到了一个拉着体面绅士的洋车夫腿上，车夫骂了一句"看着点，你这个蠢货"，就向弁公父亲扔过去一个土块。弁公父亲怒吼了一句"土建工也是人，哪让你随便作践？"就与车夫打起来，最后被推到沟里摔死了。文公于是不得不离开借宿的这户人家。在弁公父亲丧礼的转天早上，在新宿到赤羽的铁路线上躺着一个被列车压死的人，这是文公的最后结局。

四、長塚節

長塚節（1879—1915）は、茨城県のある豪農の家に生まれた。病弱のため水戸中学を中退。のちに正岡子規の門に入り、短歌などを学んだ。子規没後、伊藤左千夫と並ぶ最有力の新進歌人として注目さ

长塚节（1879—1915）生于茨城县的一户大地主人家。因身体病弱从水户中学退学，后师从正冈子规学习短歌创作。子规死后，他作为与伊藤左千夫齐名的最有分量的歌坛新人而受

---

① 間抜：呆笨，傻瓜。

れた。明治40(1907)年ごろから小説に関心を持ち、『炭焼のむすめ』、『芋掘り』などの好短篇を発表、『土』は唯一の長篇である。

『土』の主人公は貧農勘次である。お品は、彼の妻で、夫が利根川の改修工事に出稼ぎに行っている留守中病にかかり、急死した。あとに15になる娘のおつぎと幼い息子の与吉が残された。妻が死んでからの勘次は、子供をお品の父の卯平に頼んで、また工事へ戻っていかなければならなかった。稼いでやっと前借をすませた勘次は、家へ帰ってくるが、卯平と馬があわず、卯平は出てゆく。

おつぎを相手に勘次は必死になって働いた。が、秋になると収穫の大部分は地主にもっていかれる。勘次は働きに働いた。他人の畑の芋を盗み食ってまで働いた。おつぎが19歳のころ、やっと家に穀物の俵がいくつか積もることができるようになった。

もう80歳の卯平は、勘次のところへ帰るよりほかなかった。ある晩秋の日、勘次とおつぎが遠い開墾地へ出かけた留守に、卯平と与吉の炊いた火が落葉のかごに燃え移って勘次の家は燃えてしまった。勘次は焼け跡に小屋を建て、また働きは

第一章　明治時代の文学

到瞩目。明治40(1907)年左右开始转向小说创作,发表了《烧炭女》、《掘山芋》等优秀短篇小说,《土》是他唯一的长篇小说。

《土》的主人公是贫农勘次,阿品是他的妻子,在勘次去利根川的河道改建工程打工期间生病突然去世,她身后留下了15岁的女儿阿次和幼子与吉。妻子死后,勘次把孩子托付给岳父卯平,不得已又返回到工地上。勘次用挣到的钱还完了预支款后回到家,但他与卯平不投脾气,卯平离家走了。

勘次带着阿次拼命劳作,但秋后收成的大部分都被地主收去了。勘次日复一日的劳作,有时做活饿得要偷吃别人田里的山芋来充饥。在阿次19岁的时候,家里总算积下了几缸谷子。

已经80岁的岳父卯平不得已再回到勘次这儿。晚秋的一天,勘次和阿次去了很远的地方开荒,卯平和与吉留在家里。他们做饭时的火苗引着了装落叶的草筐,最后把家给烧了。勘次在废墟上建了一个窝棚后又开始

53

じめたが、卯平にはよくしなかった。ある雪の日、卯平が柳の木に首を吊って死のうとするのを助けたときから、勘次の気持が変わり、焼け跡からひそかに拾った銅貨の束で、蒲団や薬を買って卯平を看病してやった。こういうところで、小説は終わる。

劳作了，但他对卯平很冷淡。一个雪天，卯平打算在柳树上吊自杀时被勘次救了下来，自此勘次的性情变了，用废墟中偷偷拾到的一束铜钱买了被子和药品照看卯平，小说到此结束。

五、徳田秋声

以上で自然主義作家のうちでも、なるべく彼らの進歩的作品を取り出し紹介した。この点からいうとあまり典型的でないかもしれない。典型的なのは、むしろ徳田秋声の代表作『足跡』、『黴』、『爛』などである。

徳田秋声(1871—1943)は金沢市に生まれた。生まれつき体質が虚弱のため医薬に親しみ、憂鬱な少年時代を送った。16歳のとき石川県専門学校（第4高等学校）に入学したが、家庭の事情のため3年で退学した。1895（明治28）年博文館に入社、まもなく尾崎紅葉の門に入り、創作を志した。『藪柑子』(1896)を処女作として発表し、世評を博した。その後数多くの作品を発表し、泉鏡花、小栗風葉、柳川春葉と並んで、紅葉門下の四天王と称せられた。1903年に紅葉がなくなり、その

以上主要选取、介绍了自然主义作家中比较进步的作品，从这一点来看这些作品不太具有典型性。而典型的作品则是德田秋声的《足迹》、《霉》、《烂》等代表作。

德田秋声(1871—1943)生于金泽市。因天生体质虚弱要经常吃药，是在忧郁中渡过少年时光的。16岁时考入了石川县专门学校（第4高中），但因家庭变故读了3年就退学了。1895（明治28）年进入博文馆工作，其后不久师从尾崎红叶致力于文学创作。1896年发表了处女作《紫金牛》，得到了好评。之后发表了众多作品，与泉镜花、小栗风叶、柳川春叶并称为"红叶门下四金刚"。1903年红叶去世，之后秋声渐渐显露出自然主义的

第一章　明治時代の文学

後秋声は自然主義的な傾向をしだいに見せ始め、『花束』、『焔』、『新世帯』などを世に送って地歩を固め、つづいて『足跡』、『黴』、『爛』などの注目すべき作品を発表した。これによって世評はますます高まり、自然主義作家としての地位が確立された。

『足跡』は、田舎から出てきたばかりの少女が、ただれた生活の中でしだいに女としての本能に目覚めていく姿を冷静に描いた。この作品の主人公のお庄は、次に述べる『黴』のお銀の過去の半生であると考えていい。内容も一貫した主題によって統一されてはいない。このお庄の変転多い苦悩に満ちた生活を無構成のままに書き流してある。女中になったり、料理屋に奉公したり、学生と関係したり、結婚したりするのである。感情的な要素や理想的な傾向をいっさい排除して、一つ一つの生活経験を機械的に記録していったという感じがする。報告的な自然主義的作品の好標本であると言えよう。

『黴』は、『足跡』につづいて、お庄の後身であるお銀と、笹村との結婚生活を描いた私小説的な作品である。自分の仕事をようやく真面目に考えるような心持になっている作家の笹村の家に、手伝いに

傾向,《花束》、《火焰》、《新家庭》等小说的面世使他站稳了脚跟,紧接着发表了《足迹》、《霉》、《烂》等受人瞩目的作品。他因此越发得到世人好评,从而确立了他自然主义作家的地位。

《足迹》冷静客观地描写了乡下出来不久的少女在凡庸琐碎的生活中逐渐唤醒女性本能的故事。这部作品的主人公阿庄可以当作下述作品《霉》中阿银的前半生来看,作品内容也没有呈现出一贯的主题,只是随意描述了阿庄曲折、充满苦恼的生活——做女佣,到饭馆帮佣,然后是与学校学生的接触,最后是嫁人结婚。感觉作品完全排除掉个人感情成分和理想性倾向,只是在机械地记录阿庄一个一个的生活经历,可以说它是报告体自然主义作品的一个很好的范本。

《霉》接着《足迹》描写了相当于阿庄后身的阿银和笹村这两人的婚姻生活,是一部心境小说风格的作品。作家笹村终于有心情要认真考虑自己工作的时候,阿婆的女儿阿银来家里帮

来ている婆さんの娘がお銀である。別に娘が自分を愛しているとも思わないし、自分も女に愛情があるとも思い得ないけれども、笹村はずるずると爛れ合ったような生活を、お銀との間につづけてゆく。そのうちに子供ができたりして離れることが不可能になったので、お銀の籍を入れることにする。しかし、2人の間には一日一日と夫婦間の溝が大きくなってゆくことが感じられる。笹村はついに家を飛び出して旅に出る。そして旅先の料理屋で、顔の荒れて蒼白い、声のしゃがれ①た女と一夜を明かすというところで終わっている。

どこにも積極性や明るさのない憂鬱な作品である。じめじめと黴の生えたような生活が、重苦しく展開されている。くすん②だ平板な描写で一貫されているだけに、自然主義の作家としては一層徹底している。

佣。虽然笹村不觉得阿银爱自己，也不认为自己对她有爱意，但他却稀里糊涂地与阿银混在了一起。这期间有了孩子，这使笹村没法离开阿银，于是就正式娶了她。但笹村觉得夫妇两人之间的鸿沟逐日加大，最后他逃离家门去旅游了，在旅途中的一家饭馆，他与面部粗糙、苍白并且声音沙哑的一个女的过了一夜——小说就此结束。

这是一部全书见不到一丝积极、阳光色彩的忧郁作品，其中叙述了一种令人压抑地、潮湿发霉一样的生活。因为作品自始至终都是阴暗、刻板的描写，从而将德田秋声作为自然主义作家的一面更加彻底地给展现出来了。

---

① しゃがれる：嘶哑。
② くすむ：黯淡，不显眼。

第四節　森鷗外と夏目漱石

一、森鷗外

　　森鷗外(1862—1922)は本名を林太郎という。家は代々亀井家の藩医をしていた。彼はこの封建的家庭の長男として生まれたのである。1881年東大医学部を卒業し、1884—1888年の間ドイツに留学した。帰国後陸軍大学教官、軍医総監、陸軍省医務局長へと累進し、1916(大正5)年に退職した。医学博士と文学博士の肩書を持った人である。

　　森鷗外は、医学、文学、歴史、詩歌、絵画など多方面の教養を積んだ人であるが、彼の本業は軍人であり、軍医である。同時に彼は文学的才能を持つ有能な作家でもある。彼の作家的生活は、2つの時期に区分される。

(一) 第1期について

　　第1期は、『舞姫』を発表した1890年から1912年までの約20年間である。主な作品に『舞姫』、『青年』、『沈黙の塔』、『妄

森鸥外(1862—1922)的本名叫(森)林太郎。家里代代为藩主龟井家的典医。鸥外是作为这个封建家庭的长子出生的。他1881年毕业于东京大学医学系，1884年—1888年期间留学德国，回国后一路升任陆军大学教官、军医总监、陆军部医务局长，1916(大正5)年退休，是一位拥有医学和文学双料博士头衔的人。

　　森鸥外有着医学、文学、历史、诗歌、绘画等多方面的知识素养。他的本业是军人和军医，但同时他还是一个有文学才能的才气作家。他的作家生活可以分为两个时期。

　　第1个时期是从发表《舞姫》的1890年到1912年这大致20年期间，主要的作品有《舞姫》、《青年》、《沉默

想』、『雁』などがあり、外に『即興詩人』などの訳書がある。

これらの作品は、多忙な軍医生活から暇を見つけて書いたもので、ドイツ留学中の恋愛事件を題材にした私小説風の作品や、社会の矛盾現象を取り扱ったものなどがある。創作の動因は、文学に対する深い興味と、同時代の夏目漱石の『吾輩は猫である』など作品の出現に接して「非常な興味を以て読み」、「技癢を感じた」ところなどからきていると言っている。だからこの時期の鷗外の小説には浪漫主義、理想主義的な色彩があるのである。

『舞姫』が彼の処女作である。次はそのあらすじである。

主人公太田豊太郎（鷗外自身）は、ドイツに留学させられた秀才の官吏である。彼は偶然の機会で踊子エリスと知り合い、恋に陥る。その「ふしだら①」を日本に報告されて免官になる。太田は貧しいながらエリスと幸福な生活をはじめた。エリスは、二人の間にまもなく生まれようとする愛児のために、母親としての準備をすることに喜びを見出している。そこへ、太田が、たまたまドイツに来た親友

之塔》、《妄想》、《雁》等，此外还有《即兴诗人》等译作。

这些作品是鸥外在繁忙的军医生活中抽空写成的，其中有以他留德期间恋爱故事为题材的心境小说风格的作品，也有涉及社会矛盾现象的作品。关于创作的动机，鸥外曾说一是出于对文学浓厚的兴趣，其二是看到同时代夏目漱石《我是猫》等作品的出现让他"饶有兴趣地阅读（这些作品）"并"觉得技痒"。所以这一时期鸥外的小说具有浪漫主义、理想主义的色彩。

《舞姬》是他的处女作。下面是故事大意。

主人公太田丰太郎（鸥外自己）是一个派到德国留学的优秀（青年）官员。他在一个偶然的场合认识了舞女爱丽丝并与她坠入情网。这个不检点的行为被人告回日本后，他被免职了。此后太田开始了与爱丽丝贫寒但却幸福的生活。爱丽丝为了两人之间不久要降生的宝贝，欢喜地做着当妈妈的准备。这个时候，在碰巧来德国的好友相泽谦吉的斡旋下，太田被引见给

---

① ふしだら：不检点，散漫。

相沢謙吉のはからい①で、外遊中の大臣に紹介され、その才を認められて、帰国をすすめられる。エリスの徹しきった純愛のいじらしさ②に対し、太田は愛情と栄達の二途の板ばさみとなり、一時は煩悶したが、やがてあっさりと意を決し帰国を承諾する。もちろんエリスを連れて帰るなど全然考えられないことであった。妊娠していたエリスは失望のあまり、ついに発狂する。太田は良心の呵責を受けつつもおめおめ③帰国するのである。

『舞姫』は、鷗外の青春時代のざんげ録であり、また自分の裏切り行為を弁解するための申告書でもある。彼は貧乏と失意の間は不幸なエリスと恋愛もし、生活することもできたが、一旦出世のチャンスがあると、愛情も責任も何も忘れて官僚機構へと走っていく。彼は強烈なエゴイスト④であった。この小説で鷗外は人間のエゴの醜さを描いてみせたのである。

『舞姫』のストーリーは、中国唐代の伝奇小説『霍小玉伝』の筋とよく似てい

了外访中的一个大臣。他的才学得到了大臣的赏识并获劝回国。对于爱丽丝倾心投入的真爱，一种怜惜之情让太田夹在爱情与荣达这两条路中间而一时间烦闷不堪，然而不久他就决意应承回国。当然他根本没考虑带爱丽丝回去。怀着孕的爱丽丝失望至极，最后疯了。太田在良心的谴责下无耻地回国了。

《舞姬》是鸥外青春时代的忏悔录，也是对自己负心行为进行辩白的报告。他在贫寒与失意期间与不幸的爱丽丝恋爱并生活，但是一旦有出头的机会，爱情与责任就通通给忘掉，急着奔向官僚机构。他是一个极端的利己主义者。通过这部小说，鸥外给我们描述了人自私的丑恶。

《舞姬》的故事情节很类似中国唐代的传奇小说《霍小玉传》。《霍小玉

---

① はからい：斡旋，处理。
② いじらしい：可爱，令人疼爱。
③ おめおめ：恬不知耻。
④ エゴイスト：利己主义者。

る。『霍小玉伝』の女主人公霍小玉は、エリスよりしっかりした意志を持つ闘争精神の強い女性（身分はやはり遊女）であるが、男主人公李益のいくじなさ①と裏切り根性は、太田豊太郎（鷗外）の形象とそのままそっくりである。

『雁』は、それから20年後の1911年に発表した作品である。『雁』は、お玉という高利貸の妾ぐらしの女が、しだいに自我に目覚めて、医科大学生の岡田に思慕の情をつのらせる物語である。ところが、岡田は急にドイツへ出発することになって、女の最後の望みが失われた。ある日、岡田は、友人と不忍池のほとりを散歩し、その時なにげなく投げた石で1羽の雁を殺してしまう。不幸なお玉を雁に表徴させたのである。

だが、20年前エリスを棄てて不幸のどん底に陥れたのは、決して偶然に投げた一石のためではない。これは、鷗外のエゴイズムからくる本性の現われであり、絶対主義権力の高級役人が出世のはしご②をのぼっていくためには、いかなる非情をも敢えてするという冷酷な行動であった。

传》的女主人公霍小玉是比爱丽丝要意志坚强、富有斗争精神的女性（身份仍是妓女），男主人公李益的懦弱和负心德性与太田丰太郎（鸥外）的形象如出一辙。

《雁》是《舞姬》完成20年后的1911年发表的作品，讲的是一个叫阿玉的给高利贷者做姨太太的女性逐渐自我觉醒、对医科大学生冈田产生爱慕之情的故事。但随着冈田突然要到德国（留学）之后，阿玉的最后希望破灭了。（冈田出国前的）一天，冈田与朋友在（东京）"不忍池"的池畔散步时随手扔了一块石头，却不巧打死了一只大雁。这只雁就象征着不幸的阿玉。

然而20年前抛弃爱丽丝并将她陷于不幸深渊的可绝不是起因于碰巧扔的一块石头。那其实是鸥外利己主义本性的暴露，是身处极权主义权利机构的高级官僚为爬上飞黄腾达的阶梯而做的薄情、冷酷的行为。

---

① いくじ(が)ない：懦弱，没出息。
② はしご：梯子。

第一章　明治時代の文学

森鷗外は、時には当局が支配階級の利益の擁護のために行なう一連の無謀①なやり方に不満を感じないわけにはいかなかった。彼は1910年発生した幸徳秋水事件（いわゆる大逆事件）という戦慄すべきでっちあげ②事件を目前に見て、『沈黙の塔』という諷刺的な対話文を書いたのもこのためであった。その対話文の一部は、次のように記しておきたい。

……

「あれは何の塔ですか」

「沈黙の塔です」

「車で塔の中へ運ぶのはなんですか」

「死骸です」

「なんの死骸ですか」

「parsi（パアシイ）族の死骸です」

「なんであんなに沢山死ぬのでしょう。…」

「殺すのです。又二、三十人殺したと新聞に出ていましたよ」

森鸥外有时会对当局维护统治阶级利益所采取的一系列轻率做法感到不满。因此，他眼见了发生于1910年的幸德秋水事件（所谓的"大逆事件"）这一令人战栗的捏造事件，就写了《沉默之塔》这篇讽刺性的对话体散文。在此引用其中的一部分。

……

那是什么塔呢？

是沉默之塔。

车里运到塔中的是什么呢？

是尸骸。

是什么尸骸呢？

是帕西族的尸骸

为什么会死那么多人呢？

是杀死的。报纸上说了又杀了二、三十人。

（二）第 2 期について

第 2 期は1912—1916年までの間で、鷗外が歴史小説を書いた時代である。

森鷗外は1912年50歳になってから、急に堰を切ったように猛烈に歴史小説を書

第 2 期指1912年到1916年这段时间，是鸥外写历史小说的时期。

森鸥外1912年50岁以后突然如决堤一般开始疯狂地写历史小说，仅

---

① 無謀：轻率, 欠考量。
② でっちあげ：捏造。

きはじめた。わずか4年の間で長短篇をふくめて少なくとも15部以上の歴史小説を発表している。これはゆえないわけではなかった。1912年の明治天皇の死などに起因しているとも言われているが、それは原因であるというよりも何かの暗示が与えられたと言ったほうが本当であるかもしれない。

この期間、日本軍国主義者は、対外的には朝鮮併合、第一次世界大戦参戦などの政策をとり、対内的には人民大衆に対し残酷に圧迫搾取しはじめた。労働者、農民、市民はそれに堪えられず、これまでにない大規模な闘争がぞくぞくとおこった。また、革命的な新聞、雑誌がぞくぞくと発刊された。1904年に『平民新聞』がまず刊行され、独裁反対、戦争反対の社説、マルクス主義の理論や民主主義的な主張を日本国民に呼びかけた。

敏感な頭脳を持つ鷗外は、軍医局長の身であるので、彼の階級的本能からして前途を憂うべきことだと予感したのである。彼が突然歴史小説を書き出したのは、このあわただしい世の中、危険に瀕する支配階級を何とかして保護しようとする念願から出たのであった。

およそ歴史的題材でもって小説を書こ

仅4年间发表了包括长短篇至少超过15部历史小说。这不是没有原因的。一说是因1912年明治天皇的死，但与其说这是原因倒不如说给予鸥外某种暗示或许才恰当。

这一段期间，日本军国主义者对外采取吞并朝鲜、参加第一次世界大战的政策，对内则开始残酷地压迫和剥削人民大众。工人、农民、市民不堪忍受，接连掀起了前所未有的大规模斗争。同时，革命报纸、杂志等也先后创办发行。1904年《平民新闻》首先发行，刊登了反独裁、反战的社论，同时向日本国民宣扬马克思主义理论和民主主义的主张。

头脑敏感的鸥外身为军医局长，他的阶级本能让他预感到前途堪忧。他突然开始写历史小说，就是出于设法保护乱世中濒于危险境地的统治阶级这个念头。

大体想要用历史题材写小说，有

第一章　明治時代の文学

うと思う以上、どうしても2つの要素を考えなければならない。すなわち「史観」の問題とこの歴史的材料をどのような形で今日に奉仕させるかという2つの問題である。

支配者の立場に立つ鷗外が観念論的歴史観を持つのはいうまでもないことである。それから歴史的材料をいかにして今日の社会に奉仕させるか。鷗外はこの問題に対しては、武士道精神の鼓吹、復古思想の吹き込み、封建道徳の復活、保守観念の育成にあると考えた。

これが鷗外の歴史小説の主なテーマであり、彼の歴史小説を書く着眼点であった。彼の書いた一連の歴史小説はみなこのテーマに関連しているが、なかでも『阿部一族』、『高瀬舟』、『興津弥五右衛門の遺書』などがいっそう明白で、お説教風の文を芸術化したようなものである。

『阿部一族』は、阿部弥一右衛門一族の悲劇を描いた物語である。中心思想は封建的主従関係、武士道精神、ことにその中核的な倫理観念である主君に絶対無条件的忠誠——殉死に対する礼讃である。

左近衛小将兼越中守細川忠利がいよいよ危篤になるに及んで、日頃そばに仕えていた家臣たちは、われ先に何とかし

两个要素就必须要予以考虑。这就是历史观的问题和以何种形式来让史料为今天服务这个问题。

毫无疑问，站在统治者立场上的鸥外有着一种唯心论的历史观。而对史料如何为今天社会服务这一问题，他认为应在武士道精神的鼓吹、复古思想的灌输、封建道德的复活、保守观念的培养这些方面加以体现。

这就是鸥外历史小说的中心主题，是他书写历史小说的着眼点。他所写的一连串历史小说都与这一主题相关，其中尤以《阿部一族》、《高濑舟》、《兴津弥五右卫门的遗书》最为明显，（可以说）是一些把说教式文章加以艺术化处理而成的作品。

《阿部一族》描写了阿部弥一右卫门一族的悲剧故事。作品的中心思想是对封建主从关系、武士道精神、特别是作为其核心伦理观的对主君绝对无条件的忠诚——殉死的礼赞。

左近卫小将兼越中太守细川忠利病情渐至危笃之后，平日侍奉他左右的家臣们争先想办法得到主君许可以

て主君の許可を得て、寺本八左衛門直次ら18名のものが許されて殉死した。18人のうちでも、作者が特に念を入れて書いたのが、長十郎と津崎五助という2人の下っ端の武士である。

長十郎というのは、雑役勤務のもので、忠利の足を「持ち上げて自分の額に押し当てて」みたりするものでもある。また、五助は「忠利の犬牽である」というものである。こんな身分のものでも、主君に絶対忠誠であり、主人が死ねば自分もついていくというのが武士的精神であり、光栄である。いやしくも家来である以上、主君にこういう態度に出なければうそだというのが作者の言いたいところである。またそれを主君の側からみると、「殉死を許して遣ったのは慈悲であった」としか思っていないのである。人間ばかりでなく、忠利が火葬の当日、彼が飼っていた2羽の鷹、有明と明石までが翼を連ねて井戸の中に入って「殉死」したし、五助の牽いていた犬もいっしょに死にたい顔をしているから、五助が自害する前、この犬をも刺し殺してこれもまた主人に「殉死」したのである。禽獣までが主人に忠誠であるから、まして人間においてはなおさらである。

期为他殉死，最后是寺本八左卫门直次等18名家臣得以获准如愿。18人之中作者特别着力描写的是长十郎和津崎五助这两个低级武士。

长十郎是一个做杂务的，也是一个将忠利的脚"举起抵住自己额头"这样的小人物；而五助是一个"忠利的驯狗人"这样的角色。即便是这种身份的人都对主君绝对忠心，主人若死自己也跟着他走——这就是武士精神，也是一种荣耀。既然是家臣就要对主君采取这个态度，这是作者想说的东西。而这从主君一方来看，只是认为"准其殉死实乃慈悲之举"而已。不仅是人，（动物也一样。）忠利火葬当日，他养的两只鹰"有明"和"明石"都是连翼跳入井中为其"殉死"，五助牵的狗也是一脸同赴黄泉的表情，所以五助自戕前杀了这条狗来让它也为主人"殉死"。连禽兽都对主人如此忠心，那人就更是如此了。

第一章　明治時代の文学

阿部一族の悲劇は、結局主君の気に入らないところから起こっている。第一、阿部弥一右衛門は、忠利の気に入らないところがあるから殉死が許されなかったし、許されていない追腹を切ったため、主君からも先輩からも蔑まされる。それに反抗したため一門悉く殺される。結論としては、上に対して不平を言うことはできないというのである。

『興津弥五右衛門の遺書』も、武士の殉死精神を称えた作品で、いやしくも①主君の命令であれば、いかなるものであろうと、万難を排してみごとに完成すべきであると主張している。

鷗外小説に潜むもう一つの特徴は、階級闘争を抹殺する反リアリズム的傾向である。『山椒大夫』がその代表である。

山椒大夫は、丹後の石浦というところに大きい邸を構え、人をたくさん買って、男なら奴に、女なら婢にして、田畑に米麦を植えさせ、山では猟をさせ、蚕飼をさせ、機織をさせてしぼる金持ちである。そこへ越後から人買に騙された安寿と厨子王という姉弟が、山椒大夫の邸に売られてきて奴婢の悲惨な生活を強いられ

---

① いやしくも：假如，既然。

阿部一族的悲剧归根结底起于他们不受主君的青睐。首先阿部弥一右卫门因为不受忠利待见，所以没被恩准殉死，而他却执意剖腹追随主君，这受到主君及师兄们的蔑视。他因此做出反抗结果是满门被杀。小说的结论就是不可以对上表达不满。

《兴津弥五右卫门的遗书》也是颂扬武士殉死精神的作品，其主张是：如果是主君命令，那不论如何都应排除万难圆满地完成。

鸥外小说暗含的另一个特征是抹杀阶级斗争的反现实主义倾向。《山椒大夫》是其中的代表。

山椒大夫在丹后石浦这个地方建了一处大宅，他买了很多人，男为奴，女为婢，然后让他们在田间种米和麦，在山上狩猎以及养蚕、织布，由此聚敛了大量钱财。这个时候，从越后地区被人贩子骗来的安寿和厨子王姐弟俩被卖到山椒大夫府邸里，被迫过着奴婢的悲惨生活。这个过程中，在姐姐

65

る。そのうち、姉安寿の計らいで弟の厨子王は逃げることができ、姉はその後入水する①。逃げ延びた厨子王は、身につけたお守の地蔵様の力で関白師実に出会い、丹後の国守となる。そこで、山椒大夫もことごとく奴婢を解放して、給料を払うことにした。大夫の家では、一時それを大きい損失のように思ったが、この時から農作も工匠の業も前にまして盛んになって、一族はいよいよ富み栄えたのである。

ところでこの作品の成立は、説経節正本『さんせう大夫』の伝説に取材した作である。それによると、丹後由良の山椒大夫（山荘大夫ともいう）は、世にも稀な残酷非道な金持ちである。彼は、人買山岡大夫の手から、安寿と厨子王姉弟を奴婢として買い、酷使搾取した。ある時、姉弟がこそこそ話をしているのを聞いて、逃げるつもりかと言って大夫父子は、2人を拷問したのである。姉弟は、とてもその虐待に耐えられず、とうとう姉は計らって弟の厨子王を逃がしてやるのである。そのため、姉は拷問にかけられて死んだが、弟の厨子王は京都に行き着き、関白師

安寿的安排下弟弟厨子王成功逃脱，而安寿自己却投水自尽。逃走的厨子王靠身上所带的护身佛地藏菩萨的法力遇到关白（天皇辅臣）师实，成为了丹后太守。于是，山椒大夫就决定悉数解放奴婢并付给他们工钱。大夫家里一时间觉得这个损失太大，但从此之后无论农活还是家中作坊都比从前兴盛，整个家族越发富裕兴旺了。

这部作品取材自评弹曲谱本《山椒大夫》中的传说故事。它是说丹后由良的山椒大夫（也称山庄大夫）是一个世所少见的残暴无道的大财主。他从人贩子山冈大夫的手里买来安寿和厨子王姐弟俩，把她们当作奴婢来奴役和压榨。某个时候，山椒大夫听到姐弟俩在悄悄讲话，就说她们准备逃走，于是山椒大夫父子就拷打姐弟俩。姐弟俩实在无法忍受他们的折磨，最后由姐姐安排让弟弟厨子王逃走了，而姐姐为此被拷打致死。厨子王到了京都后被关白师实发现并取名叫正道，不久他就任了丹后太守。成为丹

---

① 入水する：投水（自尽）。

第一章 明治時代の文学

実に見出されて正道と名乗り、まもなく丹後の国守に任官した。丹後の国守となった正道（厨子王）は、山椒大夫と人買の山岡大夫を殺して仕返しをしたのである。

ところが、鷗外の『山椒大夫』では、物語の肝心なところをすっかり書き直してしまい、伝説の拷問を夢の中の事件に、安寿が責め殺されたのを入水自殺に、正道が山椒大夫を殺し仇討ちしたのを奴隷解放の施策に換えたのである。

鷗外は、残酷な社会的矛盾闘争をうやむやに葬り去り、それを平和一色に塗りつぶしてしまったのである。

これとは反対に、江戸後期（1837）一揆の英雄大塩平八郎の場合はどうだろうか。彼は一官吏であって、農民、市民の暴動を鎮圧する権力を持っている。けれども、彼はその権力を放棄して、民衆の側に立って、人民大衆から新たに権力を授けてもらって支配者と戦ったのである。ところがこの大塩平八郎を鷗外はどう描いたか。

鷗外の『大塩平八郎』では、事件を起こした本質的な要因である階級的搾取による民衆生活の貧困を全然追究していない。また大塩を描く場合、彼を行動に駆りた

后太守的正道（即厨子王）杀了山椒大夫和人贩子山冈大夫一雪前仇。

然而，鸥外的《山椒大夫》将故事中关键之处全部重写，传说里的拷打情节改成了梦中的事件，安寿被拷打致死改写成了投水自尽，正道杀掉山椒大夫报仇雪恨给改成了实施奴隶解放政策。

鸥外将残酷的社会矛盾斗争含混地掩盖过去，而代之以一派和平（气氛）。

与此相反，江户后期（1837年）农民起义的英雄大盐平八郎又如何呢？平八郎是一个官，有镇压农民、市民暴动的权力。但他放弃了这个大权，站在民众一侧，用人民大众给他的新权力来与统治者抗争。但对这个大盐平八郎，鸥外是怎么描写的呢？

鸥外的《大盐平八郎》对于事件发生的本质原因——阶级剥削导致民众生活的困苦——全然不与追究；而在描写大盐的时候，没有去写驱使他行

てたその革命的情熱を書かないで、もっぱら動乱の最中に空しい「枯寂の空を感じていた」平八郎の心理の追究に向けられている。作品には民衆闘争の意気込みや革命的情熱などを描かないで、かえって暴動の悲惨な結果をまざまざと描いている。だから結論としては、「もし平八郎が、国家なり、自治団体なりに頼って、当時の秩序を維持していながら、救済の方法を講ずることが出来たら、…暴動が起らなかっただろう」とむしろ平八郎の「暴動」を非難している。だが、実際大塩平八郎は、当時の秩序を維持していながら、救済の方法を講じようとしなかっただろうか。

史料によると、1837—1838年頃、日本特に関西地方に大飢饉が起こり、しかも悪徳特権商人たちが米を買占めたため、米価が暴騰し、大阪だけでも日に百人以上の餓死者が続出したとなっている。これを見るに見かねた平八郎は、はじめ奉行に救済を求め、三井などの豪商に救済資金の借入れを申し込んだが、金には血も涙もない彼らに聞き入れられるはずがない。そこでやむなく、平八郎は農民、市民に呼びかけて蜂起したのである。

事実をごまかしてまで、大塩平八郎の

动的那股革命热情，而是将重点放在身处动乱漩涡中的平八郎空落、"感觉到(有如)枯寂天空"(一样)的心理刻画上。作品中没有描写民众斗争的势头和革命热情，反倒是逼真写出了暴动的悲惨结果。因此，作品的结论是说"如果平八郎依靠国家、依靠自治团体，在维护当时秩序的同时，能够讲究一些救济方法的话，……暴动恐怕就不会发生了"，而这显然是在谴责平八郎的"暴动"。但实际上，大盐平八郎在维护当时秩序的同时没有讲究一些救济的方法吗？

据史料记载，1837—1838年左右，日本特别是关西地方发生了大饥荒，而不良特权商人又囤积大米，这造成米价飙涨，以至于仅大阪地区每天就有上百人饿死。对此平八郎无法坐视不管，他先是去府衙寻求救济，向三井等商界巨贾申请救济金贷款，但都被唯利是图的他们拒绝了。于是不得已，平八郎才呼吁农民、市民起来暴动的。

罔顾事实地来谴责大盐平八郎的

革命行動を非難しようとするところに作者の反動的立場といい加減①な歴史観があるのである。

『高瀬舟』の主人公喜助が流罪に処せられたのは、明らかに不合理であり、ただ封建秩序を維持するための犠牲者にすぎない。が、高瀬舟で喜助を護送する庄兵衛は、喜助に同情し、喜助の行為がはたして罪であろうかと疑念も抱くが、しかし「庄兵衛の心の中には、いろいろに考えてみた末に、自分よりも上のものの判断に任す外ないと云う念…が生じた」。これが『高瀬舟』の結語である。民衆はただ上のものの判断に任せ、支配権力の権威に従えというのがこの作品のテーマである。

森鷗外は美文を書く人である。彼の『高瀬舟』は、文章が簡潔で、滑らかな調べで綴っており、構文も簡潔である。描写も正確で迫力感がある。だから日本で教科書などにもよく採用されている。

革命行动,这显示出作者的反动立场和不严肃的历史观。

《高瀬舟》的主人公喜助被流放明显不合情理,他不过是为维护封建秩序的一个牺牲品而已。而坐高瀬舟押送喜助的庄兵卫虽然同情他并对他的罪行感到怀疑,但"庄兵卫思来想去,结果是他的心里生起这样一种想法——只有听任上面人的裁断"。这是《高瀬舟》的结束语。民众只能听从上头的意见,只能唯统治者的威权是瞻——这是这部作品的主题。

森鸥外的文章写得很美,他的《高瀬舟》文笔简洁、节奏流畅、结构简单,描写准确而有魄力,所以日本的教材等经常收入这篇小说。

二、夏目漱石

夏目漱石(1867—1916)は本名を金之助といい、江戸牛込区の部落の名主夏目小

夏目漱石(1867—1916)原叫(夏目)金之助,是作为江户牛込区(今东

---

① いい加減:敷衍,随便,适当。

兵衛直克の五男として生まれた。東京大学の英文科を出てから高等師範学校講師、熊本第五高等学校教授を経て、1900年英国留学、1903年帰国、第一高等学校教授と東京大学の講師を勤めた。1905年に小説『吾輩は猫である』を出してからつづいて『坊っちゃん』、『草枕』などを発表し、1907年あらゆる教職をやめて朝日新聞社に入社した。専門の作家となってからは、長篇小説『虞美人草』を『朝日新聞』に連載し、ひきつづいて『坑夫』、『三四郎』、『それから』、『門』、『彼岸過迄』、『行人』、『こころ』、『道草』、『明暗』(未完成)などを発表した。1916(大正5)年50歳で没する。

1905(明治38)年の『吾輩は猫である』から、1916(大正5)年の『明暗』にいたるまで、漱石が小説家としての主要な仕事を示した12年間は、日清戦争(甲午戦争)の終りから第一次世界大戦の最中にあたる時期であった。日本は、戦争景気で資本主義が急速に進展し、一途に帝国主義へと拍車をかけた。国内においても、帝国主義独裁の色合いが濃く、人民を圧迫し、民衆生活が重苦しくなる一方であった。

漱石はこういう時代に活躍した

京都新宿区)街道里长夏目小兵卫直克的第五子出生的。从东京大学英语专业毕业后先后任高等师范学校讲师、熊本第五高中教授,1900年赴英国留学,1903年回国,任第一高中教授和东京大学讲师。1905年发表小说《我是猫》后,接连发表了《哥儿》、《草枕》等小说。1907年辞去全部教职进入朝日报社工作。成为专职作家之后,他在《朝日新闻》上连载了长篇小说《虞美人草》,之后接连完成了《坑夫》、《三四郎》、《后来的事》、《门》、《过了春分时节》、《路人》、《心》、《路边草》、《明暗》(未完成)等。1916(大正5)年去世,享年50岁。

自1905(明治38)年的《我是猫》开始,到1916(大正5)年的《明暗》为止,漱石以小说家为主要工作的这12年间,相当于"日清战争"(甲午战争)结束至第一次世界大战激战中的这一段时期。日本因军需经济提振使得资本主义急速发展并加速滑向帝国主义。即便是在(日本)国内,帝国主义独裁的色彩也很浓厚,人民受压迫,百姓生活也变得更加困苦。

漱石就是在这样的时代里活跃的

第一章　明治時代の文学

一文化人であった。彼は学者兼作家という一流インテリの孤高な態度で、この窮屈な反動社会と対処した。彼は、ユーモアであるが渋い苦い傍観者的な目で、ブルジョア社会を眺め、その虚偽やエゴを諷刺した。

漱石の出世作『吾輩は猫である』は、猫の目から見た人間の愚劣、虚偽、エゴイズムを存分に嘲笑し批判している。『坊っちゃん』なども、歯切れのよい簡潔な文体で資本主義社会の醜悪や狡猾や暗愚さを皮肉っている。中期の作品『それから』になると、漱石はより現実の世界に目を移している。それは、日露戦後に露呈された日本資本主義のさまざまな矛盾、社会発展の不均衡によってもたらされた混乱と暗黒の世界であった。作者は『それから』の主人公代助を通して、「一等国の仲間入り」をしようという焦慮から、特定の物質的な面だけが不均衡に発展し、門口ばかり広くて奥行のなくなった日本、少数の資本家の強大化と横暴化に対する一般民衆の生活力の低下、心身の疲労困憊と道義心の敗退、「日本国中何処を見渡したって、輝いている断面は一寸四方も無い」と言わせている。

だが、漱石の資本主義に対する見方、批

一个文化人。他以学者兼作家这种高级知识分子的孤高姿态来对待这个令人憋闷的反动社会。他用幽默但却冷涩的一种旁观者的眼光来看这个资产阶级社会，讽刺它的虚伪和自私。

漱石的成名作《我是猫》尽情嘲笑和批判了猫眼中见到的人的愚笨、虚伪和自私。《哥儿》等作品以轻快简洁的文体讽刺了资本主义社会的丑恶、狡猾和愚昧。到了中期的作品《后来的事》，漱石更加关注现实世界。（当时的）日本经日俄战争后，其资本主义暴露出了种种矛盾和社会发展的不均衡，并由此带来了（社会的）混乱和黑暗。作者通过《后来的事》的主人公代助表述了：要"成为一流国家"这个焦躁感导致了（日本）在特定物质面上的发展不均衡，让日本变得门面宽而纵深窄；（同时）对比少数资本家的强势和嚣张，一般百姓则谋生困难，他们身心俱疲并道义感低落，"环视全日本，见不到一寸闪光面"。

但是，漱石对资本主义的审视和

71

判は、ブルジョア的個人主義の立場に立っての批判にすぎなかった。彼の皮肉、彼と明治社会との「対立」は、民衆と支配者との間の対立ではなく、一「高級文化人」と支配権力者との間の内輪もめ①にすぎなかった。彼は学者であり、名作家であり、第一流のインテリゲンチャではあるが、権力者ではなかった。自分は「偉い」けれども支配者ではなかった。彼のかんしゃくはここからきたものである。自分には権力はないが、豊富な知識があり、創作の才能がある。これだけのものさえあれば、どうにでもなれると思った。彼は、高をくく②って文部大臣からの文学博士の称号を断固として受けなかった。だが、これは彼の示す「反抗」と言えるであろうか。むしろこれは自分の孤高的態度の見せびらかし③であり、知識のひけらかし④ではあるまいか。というのは、彼は民衆の生活に関心を寄せた試しはなかったし、明治社会の政治に突込んでみたこともなかったからである。

漱石の小説でよく取扱うテーマは、

批判不过是站在资产阶级的那种个人主义立场上来进行的。他的讽刺、他与明治社会的"对立"并不是民众与统治者间的对立,它不过是一个"高级文化人"与权力统治者之间的内部纠纷而已。他是学者,是名作家,是第一流的知识分子,但不是权力者。自己很"了得"但不是统治者。他的火气就是从这儿来的。自己没有权力,但有丰富的知识,有创作才能。他认为只要有这些就可以有所作为。他自命清高坚辞文部大臣颁授的文学博士称号。但这能说是他所展示的"反抗"吗?这难道不是他自我清高态度的炫耀、知识的显摆吗?所以这样说是因为他既没有尝试过关心百姓生活,也没有尝试过深入到明治社会的政治(生活)中。

漱石小说常涉及的主题是"善"与

---

① 内輪もめ:家庭纠纷,内讧。
② 高をくくる:小看,不当一回事。
③ 見せびらかし:卖弄,炫耀。
④ ひけらかし:炫耀,显摆。

第一章　明治時代の文学

「善」と「悪」の対立、男女間のもつれ、「自我」の問題などである。だが、漱石のいわゆる善と悪は、いずれも人間の性格から生まれつきからくる性格の善悪であって、はなはだ抽象的なものであった。それは社会的要素、階級的な対立からくるものではなかった。したがって、矛盾を解決しようともなかった。『坊っちゃん』、『虞美人草』などでは、こういう善人と悪人を対立させ、そうして悪人を罰するようにしている。例えば、『坊っちゃん』の中の「赤シャツ」は卵をぶっつけられ、『虞美人草』の悪玉とみられる藤尾に自殺させたのである。しかも漱石が悪玉というレッテルを貼りつけてやった藤尾などは、決してほんとうに悪いのではなく、むしろ不合理な社会制度からくる不幸な犠牲者にすぎなかった。

男女間の問題になると、漱石はいっそう妙①な見方をしている。彼は女に男性中心主義的な人格をしか認めない。女は無条件に男の支配に委ねる愛し方をしなければならない。男の愛に対しては「自我」があってはならない。すなわち女は絶対的に受身的な態度で愛されるように

"恶"的对立、男女间的纠结、"自我"的问题等等。但是，漱石所谓的善与恶都来自于人的性格、人的天生性格，是极为抽象的善与恶。它们并非来自于社会因素、阶级对立，因此就没有致力于要解决矛盾。《哥儿》、《虞美人草》等就是让这类善人与恶人对立、再借此对恶人予以惩罚的作品。如《哥儿》中的"红衬衫"被掷鸡蛋，《虞美人草》中被视为坏蛋的藤尾自杀就是例子。而被漱石贴上坏蛋标签的藤尾等决不是真坏，他们不过是不合理社会制度所导致的不幸的牺牲品而已。

至于男女间的问题，漱石有更怪的看法。他只承认女性具有男权主义色彩下的人格。女性的爱只能是无条件地听凭男性来支配。对男人的爱不可以有"自我"。也就是女性必须是以绝对被动的态度来接受男人的爱。他认为自由以及任性只能是男性所有。

---

① 妙：奇怪，格外，奥妙。

行動しなければならない。自由やわがままは男性にしか許されないとみている。被支配者は支配者に絶対的に服従しなければならないし、「自我」があったり、「私」があったりしてはならないのである。『虞美人草』にある藤尾はなぜ悪いかと言えば、「私」があるからである。しかも、この小説では、女を「理も…非も知らぬ、…天下を相手にする事も、国家を向うへ廻す事も、…出来ぬ」と罵倒し、女は生まれつき劣等人種のように漱石は思っているらしい。

一方、漱石はまた一連の彼から見て理想とする愛すべき女性の典型を創作している。『虞美人草』の糸子、『それから』の三千代、『門』のお米、『こころ』の奥さんなどである。これらは、いずれも非行動的な女性で、ただ愛する男の懐の中に入ってしまって、男の思うがままに、自分という存在も忘れてしまって、一切を男に委ねる愛し方しか知らないような人である。彼女らにとっては、一切の能動的、積極的な行動が否定されており、ただ愛されさえすれば「幸福」であると思っている。これが漱石の女性に対する見方であり、また明治社会の支配者の女性観であった。

被支配者要绝对服从支配者，不可以有"自我"和"我"的存在。《虞美人草》中的藤尾所以坏是因为她有"我"。同时在这部小说中，漱石骂女性"不知是……非，……无论是对付天下事，还是操弄国家，……都办不到"，他似乎是认为女性天生就是劣等人。

另一方面，漱石还创作了一批他认为理想的、值得爱的女性典型。《虞美人草》中的丝子、《后来的事》中的三千代、《门》中的阿米、《心》中的"太太"等就是。她们都是无行动力的女性，只知道这样的爱情：投入到所爱的男人怀抱中，听命于他们，忘掉自我存在，一切都依赖于他们。漱石认为对于这些女性来说，一切主动的、积极的行动都不获肯定，只要被人爱就是"幸福"。这就是漱石对于女性的看法，同时也是明治社会统治者的女性观。

第一章　明治時代の文学

　「自我」の問題で漱石は矛盾撞着しているようである。彼は「自我」を悪、罪と見ているようである。『草枕』、『坊っちゃん』、『虞美人草』に「自我」や「私」が満ちているから世界が住みにくいと世を謗り嫌悪している。だが、漱石は「自我」の対立物として「まこと」をもってきている。「まこと」をもって「自我」に打ち勝つべきだと主張している。資本主義社会における私利私欲に満ちた「自我」の罪悪を暴くのはよいが、しかし漱石は人の「自我」を悪と見るが、自分の「自我」は認めているようである。女の「自我」は悪いが、男の「自我」はよいようである。世俗的な「自我」は悪であるが、学問をもって「自我」を主張するのは肯定すべきであると認めている。また、『それから』の主人公代助が友人平岡の妻三千代をとろうとするが、漱石は、それは「まこと」であり、敢えて非難もせず、それを是認している。が、『虞美人草』の藤尾が人の婚約者小野さんをとろうとすると、それは極悪非道だというので、彼女に自殺させた。「自我」は、男の代助には認められるが、女の藤尾には認められないというのである。

　「則天去私」というのが漱石の晩年の心境であり、人生観の落ち着くところであ

　　在"自我"的问题上漱石看上去是前后矛盾的。他认为"自我"是罪恶的。在《草枕》、《哥儿》、《虞美人草》这些作品中，他对充斥着"自我"和"我"而让人难于居住的这个世界表示了厌恶、进行了讥讽。但是，漱石一直将"真"作为"自我"的对立物。他主张应该用"真"来战胜"自我"。揭露沾满资本主义社会自私自利的"自我"罪恶是应该的，但漱石把他人的"自我"视为恶，却认可自己的"自我"。女性的"自我"不好，男性的"自我"却没问题。世俗的"自我"是恶，却认为学问上主张"自我"值得肯定。《后来的事》的主人公代助要夺好友平冈的妻子三千代，漱石认为这是"真"，没去谴责而是予以承认。但《虞美人草》中的藤尾要夺他人未婚夫小野时，他却认为这是滔天罪行，让她以自杀了结。这就是说承认代助这个男性的"自我"，对藤尾这个女性的"自我"却不予承认。

　　"则天去私"是漱石晚年心境、人生观成型的写照。与"自我"斗争的结

75

る。「自我」と自己闘争した結果、敗北し封建倫理へと後退したものである。精神的に貴族化したインテリゲンチャが、高踏①的な立場からブルジョア社会に奉仕の仕方を模索しながら彼なりの批判を試みてきたが、最後の結論としては、結局ブルジョア社会に順応しなければならないとの諦観②の境地に達したのが漱石の「則天去私」観である。

果,是他失败了,(最后)退缩到了封建伦理观上。精神贵族一样的知识分子从清高的立场上摸索如何为资产阶级社会服务的同时,也以他自己的方式尝试着做了批判,但最后的结局是只能顺应资产阶级社会,达成这种参透人生境界的就是漱石的"则天去私"观。

第五節　反資本主義文学

1894—1895（明治 27、28）年の日清（甲午）戦争で、日本資本主義が一段と発展し、明治政府は、ますます帝国主義と軍国主義意識を強引に国民に植え付け、ただちに次の侵略戦争へとその準備に着手した。はたして10年も待たずして日露戦争（1904年）が始まったのである。

日本帝国主義者の戦争準備、戦争ムー

因 1894—1895（明治 27、28）年的日清（甲午）战争,日本资本主义得到进一步的发展,明治政府越发蛮横地将帝国主义和军国主义的意识强加于本国国民身上,并迅速着手为下一次侵略战争做准备。果然不到 10 年,日俄战争（1904 年）开战了。

与日本帝国主义者的备战、对战

---

① 高踏：超逸,清高。
② 諦観：达观,看穿。

ドの煽動とは反対に、労働者をはじめとする人民大衆は、それに反対し、平和と非戦の声でもってそれに抵抗した。当時この人民大衆の反戦的な気持をもっともよく代表して戦った進歩的言論機関は、『万朝報』(1892年創刊)と『平民新聞』(1903年創刊)である。『万朝報』は、幸徳秋水など社会主義者と一部の人道主義者によって創刊されたものであるが、1903年ごろ内部が分裂し、幸徳などは、新たに『平民新聞』を刊行し、反戦、平和運動とともに、この新聞によって社会主義運動を提唱したのである。

このほか、社会主義的な立場に立った文学者としては、児玉花外(『社会主義詩集』)、小塚空谷(『労働軍歌』)、木下尚江および石川啄木などがいる。ここでは、木下尚江と石川啄木を紹介することにする。

争气氛的煽动相反,以工人为代表的人民大众反对这些做法,呼吁以和平和反战来进行反制。当时最能代表这股人民群众反战情绪并做斗争的进步言论机关是《万朝报》(1892年创刊)和《平民新闻》(1903年创刊)这两份报纸。《万朝报》是幸德秋水等社会主义者和部分人道主义者创办的,1903年左右内部分裂,幸德等就新创办了《平民新闻》,在倡导反战与和平运动的同时,还通过它来宣扬社会主义运动。

此外,站在社会主义立场上的文学家,还有儿玉花外(《社会主义诗集》)、小塚空谷(《劳动军歌》)、木下尚江和石川啄木等人。在此介绍一下木下尚江和石川啄木。

一、木下尚江

木下尚江(1869—1937)は、信州松本に生まれた。中学時代から熱烈な反天皇主義者で、東京専門学校卒業後『信州日報』の主筆、弁護士などになった。のち社会主義に近づき、普通選挙運動で10か月投獄されたことがある。1898年上京して

木下尚江(1869—1937)生于信州松本。中学时代开始就是一个激烈的反天皇主义者,东京专科学校毕业后任《信州日报》主笔,还做过律师等工作。后来接近社会主义,因参加普选运动被关过10个月监狱。1898年到

『毎日新聞』に入社、廃娼運動や足尾鉱毒事件で糾弾の筆をふるった。1903年に幸徳秋水などの『平民新聞』に参加、その中心となって活躍したが、1910年の幸徳秋水大逆事件後、社会主義運動から身を引いた。1937（昭和12）年68歳で死んだ。

作品に『火の柱』、『良人の自白』、『懺悔』などあるが、『火の柱』がその代表作である。

『火の柱』は日露戦争を背景とした反戦文学である。主人公は反戦的な青年であり、社会主義者である牧師の篠田長二である。これと配するに戦争成金①の御用商人山木剛造、当時海軍きっての利け者②松島大佐、篠田の恋人で山木の娘である梅子、山木の息子の剛一（彼は姉の梅子とともに篠田を尊敬し、父の富が社会的不当と罪悪の結晶であると言った）、また『平民週報』の主筆で反戦論を掲げる行徳秋香などがいる。内容は主人公の篠田長二を中心に、非戦論の展開、軍閥、政府、悪徳商人の罪悪の暴露、教会内幕の批判、廃娼運動の提唱などを迫力と実感に満ちた筆で描いたものである。

欠点としては、人物の描写に不充分で幼稚なところがあるということである。

东京进入《每日新闻》报社工作，在废娼运动和足尾（铜）矿（中）毒事件中奋笔抨击（时弊）。1903年加入了幸德秋水等创办的《平民新闻》社，成为其中心活跃人物；1910年的幸德秋水"大逆事件"后，他退出了社会主义运动。1937（昭和12）年68岁时去世。

作品有《火柱》、《良人的自白》、《忏悔》等，《火柱》是其代表作。

《火柱》是以日俄战争为背景的反战文学作品。主人公是一个叫篠田长二的牧师，他既是反战青年也是社会主义者。其他登场人物有战争爆发户御用商人山木刚造、当时海军数得着的精明人松岛大校、篠田的女友也是山木女儿的梅子、山木儿子刚一（他和姐姐梅子都敬重篠田，说自己父亲的财富是社会不公和罪恶的结晶），此外还有《平民周报》的主笔、提倡反战思想的行德秋香等。作品以主人公篠田长二为中心，用充满魄力和真实感的笔触描写了反战论的传播（活动），暴露了军阀、政府、不良商人的罪恶，批判了教会的内幕，提倡了废娼运动等。

（作品的）缺点是人物描写不够充分，有一些幼稚之处。但作品洋溢着

---

① 成金：暴发户。
② 利け者：权利人物，精明人。

第一章　明治時代の文学

しかし、激しい正義感に燃え、戦闘的な情熱を素朴ではあるが、みごとに文学的に形象化している。

一股强烈的正义感,同时将战斗热情朴实但却准确、形象地进行了文学性表现。

二、石川啄木

石川啄木（1886—1912）は岩手県の生まれで、本名を一という。盛岡中学を中退し、郷里の小学校の代用教員を勤めたこともあったが、中学時代からすでに詩や歌を作りはじめていた。のちに地方の新聞記者になって北海道を放浪し、1909年東京『朝日新聞』社に入社した。生涯で貧困と戦い、結核のため1912（明治45）年わずか27歳で若死した。

啄木は、はじめ与謝野鉄幹らの明星派から影響を受け、ロマンチックな作風をもっていたが、まもなく政治や社会問題に関心を持つようになった。中学時代から彼は、すでに自由民権運動や日本初期の労働運動に心をひかれるようになり、中学3年のときから足尾鉱毒事件などに関心をもった。彼の詩は、国家権力に憎悪の感情をもって現実と対決し、虐げられた民衆の感情を歌い出したものである。

彼の作品に短歌、詩、小説、論評などあるが、代表的なものは短歌と詩である。

石川啄木(1886—1912)生于岩手县,原名叫(石川)一。盛冈中学退学后,做过乡里小学的代课教师。他从中学时期就已经开始诗与和歌创作。其后成为地方的报社记者漂泊于北海道各地,1909年进东京的《朝日新闻》报社工作。他终生与贫困斗争,因结核于1912(明治45)年(英年)早逝,享年仅27岁。

啄木最初受到了与谢野铁干等明星派的影响,具有浪漫主义的创作风格,但不久他就对政治与社会问题关心起来。从中学时代开始,啄木就已经被自由民权运动和日本初期的劳工运动所吸引,中学3年级的时候开始关注足尾(铜)矿(中)毒等事件。他的诗带着对国家权力憎恶的感情来(抒写)与现实的抗争,讴歌受摧残的民众的感情。

他的作品有短歌、诗、小说、评论等,代表性的是短歌和诗。

啄木の短歌は、古典的和歌の一行書きの形式を改めて、三行書きにし、いっそう詩のリズムへ接近し、また口語体にしたものであった。これはいわゆる啄木調として歌壇に認められるようになった。

内容からみると、だいたい前期のものにまだ明星調の浪漫的なもの（例えば『あこがれ』）ないし詠嘆的なもの（『一握の砂』）がある。歌集『一握の砂』の「我を愛する歌」を引用しておきたい。

こころよく
我に働く仕事あれ
それを仕遂げて死なむと思ふ

我に似し友の二人よ
一人は死に
一人は牢を出でて今病む

後期の作品になると、現実批判、革命的な色彩が濃厚になってくる。詩集『呼子と口笛』の「墓碑銘」より一部引用すると、次のようになる。

……
彼の遺骸は、一個の唯物論者として、
　かの栗の木の下に葬られたり。
われら同志の撰びたる墓碑銘は左の如し、
　「われには何時にても起つことを得る準備あり。」

啄木的短歌将古典和歌一行式的书写形式改为三行式，让它更接近于诗歌的节奏，同时还使用口语体。这作为所谓的"啄木调"而得到了歌坛的认可。

从内容来看，大体上啄木前期的诗有明星调的浪漫主义色彩（如《憧憬》），也有赞美性的作品（《一把沙》）。在此引用一下他的和歌集《一把沙》中的一章《爱我之歌》的部分和歌。

给我一个
惬意的工作
完成了就去另一个世界

如我一样的两位好友啊
一位已逝
一位出狱现却病体缠身

啄木后期的作品中，批判现实及革命性的色彩变得浓厚起来。下面是诗集《口哨和笛子》中《墓志铭》一节的部分摘录。

作为一个唯物论者，
他的遗骸被葬在了那棵栗子树下。
这是我们的同志撰写的墓志铭——
我随时都做好了起事的准备。

第二章
大正・昭和時代の文学

第一節　大正・昭和時代

　大正時代は、第一次世界大戦とともにその幕をあけられたと言ってよかろう。日本は、この大戦の参戦によって、戦勝国としての政治的利益と莫大な経済的利益を獲得して、資本主義を飛躍的に発展させ得たのである。軍需産業、輸出商品は、戦前の倍に拡大され、機械産業などは、5倍の規模に跳ね上った。銀行産業への投資も激増し、三井、三菱、住友ら財閥の産業、経済の支配網が、ますます拡大強化されていった。

　ところで、こういった情勢のなかに置かれた労働者、農民および一般大衆に報いら

　大正时代可以说是与第一次世界大战同时掀开帷幕的。日本因参加了这场大战，作为战胜国获得了政治利益和庞大的经济利益，从而使资本主义得以飞速发展。军工产业、商品输出比战前翻了一倍，机械产业等的规模也提升了5倍。银行业的投资激增，三井、三菱、住友等财阀在产业和经济领域的控制范围得到进一步扩大和加强。

　那处在这样的形势下，工人、农民和一般百姓得到了什么回报呢？这就

れたものは何であるかというと、それは、労働時間の延長、実質賃金の低下、農村の貧困と破産、都市生活の窮乏であった。当然の結果として階級闘争の激化をもたらしたのである。これを都市からみると、労働者階級はいちじるしく階級意識を成長させ、その階級的団結をすすめ、組織的闘争に乗り出したのである。これらは、その後の労働文学、プロレタリア①文学を生む基盤となったのである。

大正末期から昭和初期にかけて、日本文壇は、ブルジョア作家とプロレタリア作家という2つの群に分かれるに至った。が、しかし絶対主義的強権下にあっては、いわゆるブルジョア作家も必ずしもいちがいに反動的というレッテル②を張ることは妥当でなかった。彼らは個人主義、人道主義的な立場に立ってはいるが、戦争や軍国主義に反対し、現実に対しては批判的な態度をとっていたからである(例えば「白樺派」や芥川龍之介の文学など)。

1931(昭和6)年以後、日本の軍閥を中心とする右翼勢力がいっそうファシズム化し、社会的圧迫を強化していったので、左翼文学も退勢に陥らざるをえなかっ

是劳动时间的延长、实际工资的下降、农村的贫困与破产,还有城市生活的困窘。这个结果当然就导致了阶级斗争的激化。这从城市来看,就是工人阶级的阶级意识显著提高,阶级团结得到推进,组织斗争得到开展。这些奠定了其后劳动文学、无产阶级文学产生的基础。

大正末期到昭和初期,日本文坛分成了资产阶级作家和无产阶级作家这两个阵营。虽然如此,处在威权主义的强权下,所谓的资产阶级作家一概都贴上反动标签也未必妥当。这是因为他们虽然是站在个人主义、人道主义的立场上,但他们反对战争和军国主义,对现实采取批判的态度(如"白桦派"、芥川龙之介的文学等)。

1931(昭和6)年以后,以日本军阀为主的右翼势力更加法西斯化,加大了社会压迫,所以左翼文学也不得不陷入颓势。1935(昭和10)年前后,一

---

① プロレタリア:无产阶级。
② レッテル:标签,(扣)帽子。

第二章　大正・昭和時代の文学

た。1935(昭和10)年前後には、大家の復活とヒューマニズムを守ろうとする意図による抵抗の文学が戦争中にも結実したが、それも一時で、さらに時局が急転し、戦雲低く垂れこめる1936(昭和11)年以後は、より暗い谷間に陥っていかねばならなかった。かくて大正・昭和時代の流れに沿って、文学はしだいに小粒に、しだいに健康と生気を失ったまま敗戦を迎えるに至ったのである。

些文坛名宿的出山和守卫人道主义这种想法下产生的抵抗文学在战时取得了一些成果，但那也是一时(现象)，到了时局急转直下、战云低垂的1936(昭和11)年以后，(文坛)无可避免地陷入了更加黑暗的底谷。这样，随着大正昭和时代的时局(变化)，文学渐趋萎缩，慢慢地失去了健康和生气，(这个状况)一直持续到战败。

第二節　耽美派の文学

耽美派は、唯美派、新浪漫派、頽唐派ともいう。芸術の真髄は美にあると主張し、美の形成と享受に最大の価値を置く文学態度である。広義の耽美主義は、1901(明治34)年に与謝野晶子の『みだれ髪』の発刊にまでさかのぼることができるが、その全盛期は、1909(明治42)年浪漫主義的詩歌雑誌『スバル』の創刊より、1915、1916(大正4、5)年の「白樺派」や「新現実主義派」の登場までの数年間である。

"耽美派"也称为唯美派、新浪漫派、颓唐派。它主张艺术的真谛在于美，(采取的)文学态度是将最大价值置于美的形成和享受上。广义的唯美主义可以追溯到1901(明治34)年与谢野晶子《乱发》的刊行(那一时期)，但它的全盛期只是自1909(明治42)年浪漫主义诗歌杂志《星》的创刊开始，到1915、1916(大正4、5)年"白桦派"、"新现实主义派"登场的这几年间。

維新後の日本政府は、めざましい商工業の発展をきたし、資本が蓄積された。それによって国富が増大し、国民生活が向上してきたので、人々の意識に封建的束縛からの解放、精神上の比較的豊かな生活、自由主義的な思想、浪漫主義的精神が発生し発展したのである。

だが、こうした自由明朗な思潮は、日本軍国主義的独裁政府により弾圧された。このような政治的社会的氛囲気に置かれた一部の文化人は、社会的苦悩や厳しい現実に顔をそむけて、頽廃的な官能の享楽に精神上の慰安を求め、魂の救いを耽美的芸術至上主義に求めたのである。

耽美派の主な代表作家は、永井荷風、谷崎潤一郎に佐藤春夫などであるが、谷崎潤一郎がその横綱級である。

维新后的日本政府带来了工商业显著的发展，资本也得到了积累。这增加了国家财富、提高了人民的生活，因此人们萌生和发展了脱离封建束缚、（追求）精神上比较丰富的生活以及自由主义思想、浪漫主义精神这样一种意识。

但是，这种自由光明的思潮受到了日本军国主义独裁政府的压制。置身于这样一种政治社会气氛中的部分文化人回避（来自）社会的苦恼以及严峻的现实，在颓废的感官享乐中来求得精神慰籍，在唯美的艺术至上主义中来寻求灵魂的救赎。

唯美派的主要代表作家有永井荷风、谷崎润一郎和佐藤春夫等，谷崎润一郎是其中的重量级作家。

一、永井荷風

永井荷風（1879—1959）の本名は壮吉といい、断腸亭主人、石南居士などの別号がある。東京小石川の生まれで、死んだ年は1959（昭和34）年である。

永井荷風は、はじめフランスの自然主義者ゾラに傾倒し、ゾライズムを日本に移入しようと試みたが、失敗した。ゾ

永井荷风（1879—1959）的原名叫（永井）壮吉，别号叫断肠亭主人、石南居士等。生于东京小石川，死于1959（昭和34）年。

永井荷风最初倾倒于法国自然主义者左拉，曾尝试将左拉主义移植到日本，但却没有成功。跳出左拉影响

第二章　大正・昭和時代の文学

ラの影響を抜けだしてから、1903(明治36)年から1908(明治41)年までアメリカとフランスに留学し、その体験を生かして『アメリカ物語』(1908)『フランス物語』(1909)の2短篇集を発表して、失意敗残の人々の頽廃的なものに享楽を求める心情を描き、自然主義とはむしろ反対の立場に立ったのである。

　1910(明治43)年の幸徳事件を目のあたりに見た荷風は、明治社会に対し不満と憎しみを感じたが、その結果、かえって世のすねもの①となって追懐文学の傾向に走ったのである。特に『フランス物語』以来たびたび発禁処分を受けた荷風は、ついに現実から身を暗まし、風流韻事に逃げ隠れたのである。『妾宅』、『新橋夜話』、『腕くらべ』、『おかめ笹』などの花柳小説は、このような時勢下に書いた小説である。好色的な題材を扱った耽美的な遊蕩文学ではあるが、現実批判と社会諷刺のニュアンスもある。

　『腕くらべ』は、新橋の花柳界を舞台に夫の死後ふたたび芸者になった昔気質の駒代、肉体的な魅力を持つ現代風の菊千代、金に物を言わせる芸者上がり②の君竜

之后，他从1903(明治36)年到1908(明治41)年去美国和法国留学，并根据这个经历结成了《美利坚故事》(1908)、《法兰西故事》(1909)这两部短篇作品集，其中描写了失意落魄者从颓废中寻乐的心情，(作品)立场可以说背离了自然主义。

　　荷风亲眼目睹了1910(明治43)年的幸德(大逆)事件，这虽然让他对明治社会感到不满和憎恶，但结果却使他成了一个社会上的玩世不恭者，从而倾向于追忆文学的创作上。特别是自《法兰西故事》之后作品的出版屡次被禁，这最终让荷风隐身于现实之外，逃匿到风流韵事上去了。《妾宅》、《新桥夜话》、《比手腕》、《倭竹》等风俗小说就是在这一形势下完成的作品。虽然它们都是涉及色情题材的唯美情色作品，但也有一定的批判现实、讽刺社会的成分。

　　《比手腕》中有三个艺妓：一个是丈夫死后再度下海的传统老派的驹代，一个是性感又时髦的菊千代，还有一个是拜金的艺妓从良的君龙。这部作品以

---

① すねもの：玩世不恭者。
② ～上がり：出身，做过～。

という3人の女の演ずる恋の腕くらべを書いたものである。

『おかめ笹』も同じ花柳小説であるが、『腕くらべ』とはちがって、新橋という一流の花街をバックにしたものではなく、これは白山や富士見町あたりの三流待合を舞台にしたもので、登場人物も下品な俗人ばかりで、ブルジョア家庭の醜悪な内幕を暴いている。

新桥的色情界为舞台描写了这三个女人之间上演的恋爱手腕比拼的故事。

《倭竹》也同样是风俗小说，但与《比手腕》不同，它不是以新桥这个一流风俗街为背景的，而是以白山、富士见町这一带的三流酒馆为舞台的，出场人物也都是粗鄙的俗人，(通过他们)揭露出了资产阶级家庭的丑恶内幕。

二、谷崎潤一郎

谷崎潤一郎（1886—1965）は、東京日本橋区蠣殻町に生まれた。長男の兄が幼くして没したので潤一郎と名づけられた（彼の弟の谷崎精二も作家である）。1965（昭和40）年79歳で没した。

谷崎潤一郎は日本耽美派の代表作家である。彼は、永井荷風の社会批評の精神が全然なく、女性の官能美と退廃的な夢幻の美の世界をひたすら追求していった。彼の文学は、強い刺激を求めて、自己虐待の変態的快感や、病的な官能のへんてこりん①な享楽、あるいは罪悪的な快楽をも賛美しかねない点においては、たしかにブルジョア退廃美の極致に達した

谷崎润一郎（1886—1965）生于东京日本桥蛎壳町。因为长兄早夭，他就被叫做润一郎(胞弟谷崎精二也是作家)。1965（昭和40）年79岁时去世。

谷崎润一郎是日本唯美派的代表作家。他丝毫没有永井荷风的社会批判精神，只是一味追求女性的感官美和颓废梦幻美的世界。他的文学追求强烈的刺激，在不无美化自虐变态的快感、病态怪诞的感官享乐或者罪恶般的快乐上面，可以说确实达到了资产阶级颓废美的极致。

---

① へんてこりん：奇异，古怪。

第二章　大正・昭和時代の文学

と言えよう。

　彼の初期の諸作を貫いているモチーフ①は、官能的な美と被征服による征服であった。彼は、その官能を揺さぶるあらゆる美に近づき、その美に敬服し、美の誘惑に対して全く無力であるところにかえって美の享受者たる資格があるのだと見ている。美しきものの誘惑に絶えず征服されることを欲し、夢見、空想する男といったものが谷崎文学の主題であった。

　『刺青』の清吉、『麒麟』の霊公、『悪魔』の佐伯、『饒太郎』の饒太郎、『神童』の春の助、『異端者の悲しみ』の章太郎ら、潤一郎作品中の主人公たちは、ほとんど一人の例外もなくこのような性格を備えた人々であった。

　『刺青』の主人公清吉は、「光輝ある美女の肌を得て、それへ己れの魂を刺り込む」ことを「年来の宿願」とした。その清吉の前に偶然美少女が現れる。清吉は夢中になって美女の背に巨大な女郎ぐもをほった。最初恐れをなしていた美女も、完成した刺青を鏡に映して恍惚となる。そして清吉は、美女から次のように告げられる。「親方、私はもう今までのような

貫穿谷崎初期各个作品的主题是感官美和被征服产生的征服感。他接近所有撩拨感官的美，叹服这些美，并认为无法抵制美的诱惑者才有资格享受美。希望、梦想和空想不断臣服于美物诱惑的男人——这就是谷崎文学的主题。

《文身》中的清吉、《麒麟》中的灵公、《恶魔》中的佐伯、《饶太郎》中的饶太郎、《神童》中的春助、《异端者的悲哀》中的章太郎等谷崎作品中的主人公基本上无一例外都具有这个特征。

《文身》中的主人公清吉多年来的夙愿就是"得到光泽的美女肌肤，把自己的精魂刺入其中"。在这个清吉面前，很巧地出现了一个美少女。清吉着迷地在美女的脊背上刺了一个巨大的黑底黄纹蜘蛛。开始时还害怕的美女在镜子中看到刺好的文身也不觉恍惚起来。于是她对清吉讲了如下的话——"师傅，我已经很轻松地抛掉了

---

① モチーフ：动机，主题。

臆病①な心を、さらりと捨ててしまいました。——お前さんは真先に私の肥料になったんだねえ」と。

ここにも見られるように、谷崎の文学には、「美女の肌」を求め、「光輝ある美女」という夢を見、そうして美女をつくる「肥料」になって悔いないという美に対する拝跪がある。

『饒太郎』では、「僕は性来、女に可愛がられるよりも、虐められるのを樂しみにする人間なんだ。お前のような美しい女たちに、打たれたり蹴られたり欺されたりするのが、何よりも嬉しい」という病的な変態性欲者の心理を何はばかることなく描いている。いわゆるマゾヒズム②である。

とにかく彼の作品は、とっぴ③な材料をあくどい④色彩で塗りつぶした幻想的なものであって、荷風のような繊細なものではなく、どぎつい⑤情緒のものである。彼は、自然美よりも人工美を謳歌し、人生と文学との遊離、「第一が芸術、第二が人生」と主張していた。彼の好んで取

先前那样的懦弱心态。——你第一个成了我的肥料了"。

由此可以看出,谷崎的文学中有一种对美的膜拜,这使他追求"美女肌肤"、梦想"光泽的美女"并因此成为造就美女的"肥料"也不觉后悔。

《饶太郎》中百无忌惮地描写了一个病态性欲者的心理——"我生来比起受女人疼爱,更愿意受她们虐待。被你这样的漂亮女人打、踹和骗最令我开心"。(实则)就是一个所谓的受虐狂。

总之,谷崎的作品就是用浓彩涂上离奇材料的这样一种幻觉般的东西,(它们)不似荷风那样的纤细,而是极为强烈的情绪性东西。他讴歌人工美要胜于自然美,主张人生与文学的分离,(也就是)"第一是艺术,第二是人生"。他乐于描写的主题是跟着无

---

① 臆病:怯懦,胆小。
② マゾヒズム:受虐狂。
③ とっぴ:离奇,古怪。
④ あくどい:浓艳,过火。
⑤ どぎつい:非常强烈。

第二章　大正・昭和時代の文学

り扱う主題は、恥知らずの女性に引かれていく男性的執着と変態的な性情である。彼は悪の力を肯定賛美し、悪魔的耽美主義を生活から切り離し、芸術の世界でこの感性の世界を形成しようと試みた。この悪魔主義は、彼の創作の中期（1917—1926）の主軸となって、『金と銀』（1919）、『愛すればこそ』（戯曲1921）、『神と人との間』（1923—1924）などの作品を通じて展開していた。

谷崎の後期の作品に『蓼喰ふ虫』（1928）、『三人法師』（1929）、『盲目物語』（1931）、『芦刈』（1932）、『春琴抄』（1933）などがある。これらを通じて、作者は、女性崇拝、母性憧憬が女性拝跪となることを描いている。太平洋戦争激化の最中、『細雪』（1942—1948）の執筆がはじまったが、身辺に取材した作品である。終戦後も、『瘋癲老人日記』（1961）などを発表したが、老いてなお衰えない耽美主義の芸風を没年まで示したのである。

耻女人走的那些男人的执迷不悟和变态的性情。他肯定和赞美恶的力量，尝试将魔鬼般的唯美主义剥离于生活，在艺术世界里构建他这个感性世界。这个魔鬼主义（也称"恶魔主义"）成为他创作中期（1917—1926）的主轴，通过《金和银》（1919）、《因为爱》（剧本，1921）、《神人之间》（1923—1924）等作品展现出来。

谷崎的后期作品有《各有所好》（1928）、《三法师》（1929）、《盲人物语》（1931）、《刈芦》（1932）、《春琴抄》（1933）等。通过这些作品，作者描写了女性崇拜、母性憧憬到女性膜拜的变化。在太平洋战争白热化的期间，他开始写作《细雪》（1942—1948），这是取材于自己身边故事的作品。战后发表了《疯癫老人日记》（1961）等作品，直到去世前都表现了他老而不衰的唯美主义文风。

第三節　白樺派の文学

　白樺派の機関誌は『白樺』である。その創刊は1910(明治43)年で、廃刊は1923(大正12)年であった。主なメンバーは、武者小路実篤、志賀直哉、有島武郎、有島生馬、里見弴、長与善郎などであった。いずれも20代(有島武郎のみが33歳)の学習院出身の貴族やブルジョアジーの子弟であった。これら若者たちの寄り集まりには、互いに文芸、美術を愛好するというほかに、「金のため、食うため」に困らない貴族のお坊っちゃんという階級的な基礎があった。

　白樺派の人たちは、個人、自我の尊重を主張する。彼らは自然主義の主観的能動性を無視し、純客観的な消極的虚無的な人生観に反対するとともに、また、耽美派の実生活から遊離した、退廃的な享楽的な消極的人生観にも反対するのである。彼らは、自己の天分を存分に発揚し、明るい、健康な生活を求めてやまない。それは、日清(甲午)、日露戦後めざましい経済的発展を

　白樺派办的刊物是《白桦》，它创刊于1910(明治43)年，在1923(大正12)年停刊。白桦派的主要成员有武者小路实笃、志贺直哉、有岛武郎、有岛生马、里见弴、长与善郎等人。(他们)全部都是20几岁(仅有岛武郎是33岁)，就读学习院(中学、大学预科)的贵族或资产阶级子弟。这些年轻人聚集在一起，除了是彼此爱好文艺、美术外，还有不愁钱和吃喝的贵族公子哥这个阶级基础。

　白桦派中的这些人主张对个人、自我的尊重。他们无视自然主义的那种主观能动性，反对纯客观的消极、虚无的人生观，同时还反对唯美派游离于现实生活的颓废、享乐、消极的人生观。他们希望尽情发挥自己的天分，渴求光明健康的生活。这是日清(甲午)、日俄战争后日本经济迅猛发展下新兴资产阶级光明、豁达的一种社会

第二章　大正・昭和時代の文学

遂げた日本新興ブルジョア階級の明朗、闊達な社会面を反映している。だからこの派の文学的特質は、今までのすべての制約を無視し、自由に自分の思うままのものを描き出し、どこまでも自我を尊重しようと欲するところにある。個人の自由発展は善であり、美であり、同時にまた社会全体にとっても有益であると、彼らは考えるのである。彼らには、単純明快な繰り返しの多いみずみずしい文章が多かったし、ヒューマニズム即ち人道主義が彼らの共通した文学的理念であった。

人道主義は、人文主義、人本主義ともいう。英語のヒューマニズムの訳語である。『白樺』派文学の「人道主義」という語は大体、人間尊重、個性の解放という意味に解されているようである。西洋の「ヒューマニズム」にしても日本の「人道主義」にしても要するにブルジョア的イデオロギーであり、ブルジョアジーが階級闘争に使うイデオロギー的武器であった。ブルジョアジーが反封建的革命闘争をする時、この観念的武器を大いにふり廻し、積極的な啓蒙作用を果した。が、それと同時にまた人民大衆をごまかし、プロレタリアートを欺く思想的武器としても使っていた。

反映。因此这一派的文学特征表现在无视此前所有的束缚、自由自在地描写自我所思、希望彻底尊重自我这些方面。他们认为个人的自由发展是善和美的，同时还有益于整个社会。他们写了很多单纯明快，多反复句的轻灵文章，人道主义是他们共同的文学理念。

人道主义也称人文主义，人本主义，翻译自英语的"humanism"。白桦派文学的所谓"人道主义"大体可解释为对人的尊重、个性解放这些意思。无论是西方的"humanism"还是日本的"人道主义"总之都是资产阶级的意识形态，是资产阶级用于阶级斗争的思想武器。资产阶级在进行反封建革命斗争的时候，曾大力挥动这个思想武器，起到了积极的启蒙作用。但与此同时，它还作为蒙蔽人民群众、欺骗无产阶级的思想武器来使用。

一、武者小路実篤

　武者小路実篤(1885—1976)は、東京麹町区に生まれ、1976(昭和51)年に逝去した。彼の父は子爵であった。学習院高等科へ進むころ、叔父の影響を受けて『聖書』を読み、次いでトルストイに傾倒した。志賀らと『白樺』を創刊、大きな役割を果たした。このころはトルストイ主義を抜け出し、自我の欲求を大胆に肯定したところに自己を確立して『お目出たき人』その他の作品を書き、以来半世紀以上にわたって『幸福者』、『その妹』など、数多くの名作を発表した。

　『お目出たき人』、『世間知らず』が初期の作品で、彼自身の初恋や結婚に至るまでの経過を描いた自伝的な中篇小説である。そこには自然主義風の告白とかざんげとかいうようなものが全くなく、あからさま①に作者自身をむき出しにしている。単純で、のんきなのびのびとした、あけっぱなし②な性格が見られるようであるが、そこにはいかにも貴族出身者らしく、世間はみな自分のために存在しているかのように思いこんでいる。文体もま

　武者小路实笃(1885—1976)生于东京曲町区,1976(昭和51)年去世。他的父亲是子爵。考入学习院高等科(注:大学预科)的时候,他受到叔叔影响读了《圣经》,其后倾倒于托尔斯泰。与志贺等人创办《白桦》杂志,在其中发挥了很大作用。这个时候,他跳出托尔斯泰主义,通过大胆肯定自我欲求从而确立了自己(的立场),写出了《可喜的人》等作品,从此长达半个多世纪的时间里发表了《幸福者》、《他的妹妹》等许多名作。

　《可喜的人》、《天真的人》是他初期的作品,是描写他自己的初恋以及他结婚前经历的自传式中篇小说。这些作品将作者自己赤裸裸地袒露出来,完全没有自然主义式的倾诉、忏悔之类的东西。从中可以看出他单纯、悠闲自在、坦荡的性格(特点),但其中也确实有一种身为贵族的腔调,自以为好像世界都为自己而存在。作品的文体也是单纯率直,没有矫揉造作之感。反复强调主题的手法等也是实笃的一个(写作)特征。

---

① あからさま:显然,露骨。
② あけっぱなし:敞开。

第二章　大正・昭和時代の文学

た、単純率直で、飾り気がない。モチーフの繰り返しをする手法なども実篤の一特徴である。

例えば、『お目出たき人』の冒頭部分には、武者小路は、「…自分は女に餓えている。誠に自分は女に餓えている。残念ながら美しい女、若い女に餓えている。7年前に自分の19歳の時恋していた月子さんが故郷に帰った以後、若い美しい女と話した事すらない自分は、女に餓えている」と、繰り返し繰り返し「自分は女に餓えている」という思い切った露骨な表現法をとっている。

武者小路の人道主義は、利己と利他が一致するものだと考え、結局のところ利己即ちエゴイズムである。彼は、『桃色の部屋』で、「他人は他人です。自分は自分です。今の世はこれが唯一の道徳です。…すべて凡人には凡人相応の権利義務があり、天才には天才相応の権利義務がある。…劣った者に対する同情のために優れた者が自己の使命を抛つということは出来ない」と特権意識を極めて露骨に出している。自分がいかにも天才で超人のごとく思っているし、人民大衆は凡人だとしか思っていないのは、単に「お目出たき人」、「世間知らず」とだけで片付けられ

比如，在《可喜的人》的开头部分，武者小路这样写到："……自己渴求着女人。自己真地渴求着女人。很遗憾自己渴求着漂亮、年轻的女人。从7年前自己19岁时爱恋的月子回到她家乡后，与年轻、漂亮女子连话都没讲过的自己就渴求着女人"。这里使用的表现法就是彻底露骨地反复说着"自己渴求着女人"这个句子。

武者小路的人道主义认为利己与利他是一致的，说到底就是利己也即自私。他在《桃色之室》中极为露骨地说出了自己的特权意识——"他人是他人，自己是自己。在现今的世道中，这就是唯一的道德。…天下凡人有凡人相应的权利义务，而天才有天才相应的权利义务。…不能因对劣等者的同情就让优等者丢弃自己的使命"。认为自己就如天才和超人一样，而只把人民群众视为凡人，这个认识不是单靠一个"可喜的人"、"天真的人"就能说明的，它（实则）是贵族阶级的阶级意识所导引出的人生观（的一个体现）。

るものではなく、貴族階級の階級的意識から割り出した人生観である。

二、志賀直哉

　志賀直哉(1883—1971)は、宮城県石巻に生まれた。家は代々相馬藩に仕え、祖父は相馬藩の家老で、父は鉄道会社の重役である。『網走まで』、『大津順吉』、『清兵衛と瓢箪』、『城の崎にて』、『和解』、『小僧の神様』、『暗夜行路』、『灰色の月』などの作品がある。

　志賀直哉は私小説の作家である。自分、家庭、身辺の事情や日常生活中目撃した物事をありのままに自叙伝風に書く作家である。不和―葛藤―和解―調和というのが彼の小説の発展コースでありパターンである。だが、彼の「不和」、「葛藤」の多くは、家庭内のもめごと①、父と子の間に発生したトラブルである。作者はその原因とか、家庭内においての新旧両世代の争いの社会的意義などについては、いささかも追求しないし、またしようともしなかった。とにかく和解し、調和の境地に達すればよいのである。言うまでもなくこれは階級闘争の激しい、動乱の多

　志賀直哉(1883—1971)生于宫城县石卷(町)，家中代代供职于相马藩府，他的祖父是藩府总管，父亲是铁路公司的高管。有《到网走去》、《大津顺吉》、《清兵卫和葫芦》、《在城崎》、《和解》、《小学徒的菩萨》、《暗夜行路》、《灰色之月》等作品。

　志贺直哉是心境小说的作家，是用自传体式将自己、家庭、身边事情、日常生活所见原封不动地来进行描写的作家。"不和—纠葛—和解—调和"是他小说的发展脉络和类型。但他的很多"不和"和"纠葛"都是家庭内部的争执、父子之间发生的冲突。作者丝毫不去、也不想去追究它们产生的原因以及家庭内新旧两代人争执的社会意义。总之(认为)只要能和解、达到调和的境地就可以了。毫无疑问，这是身处阶级斗争激烈、动乱频发社会中的上层资产阶级的思想反映。

---

① もめごと：纠纷。

第二章　大正・昭和時代の文学

い社会におけるブルジョア上層階級の意識的反映である。

　志賀直哉のヒューマニズムは、自分の主観的感情でもって事物を判断し、他人に対する快不快の感覚、好悪の念が、そのまま善悪の判断になるというところに特徴がある。つまるところ①、やはり個人主義である。

　『小僧の神様』は1920（大正9）年『白樺』の1月号に掲載されたものである。小説の主人公で秤屋の小僧仙吉が、わずか2銭の不足のために、かねてから食べたいと思っていた鮨を食べることができなかった。その有様をそばで見ていた貴族院議員のAが同情を起し、のち、仙吉にひそかにごちそうしてやるが、Aは、自分のした「同情的行為」のあと、何だか変な寂しさにこだわる。一方、小僧は、それ以来むやみとAをありがたがり、神様と思いこんでしまう。

　この作品は、よく直哉のヒューマニズムの実質を表している。貴族院議員Aのお上品な、粋②な、いかにも同情心のある情深い人のようにでかでかと書いている。それと対照的に、下積みの小僧をい

志贺直哉的人道主义特征是：以自己主观的感情来判断事物，对他人的感觉好坏、好恶之念就成为他对善恶的判断。说白了（其人道主义）就是个人主义。

《小学徒的菩萨》刊登于1920（大正9）年的《白桦》1月号上。小说主人公秤店的学徒仙吉仅仅因为差两分钱，没能吃到早就馋着的寿司。在旁边看到这个情景的贵族院议员A起了同情心，其后他悄悄买了寿司给仙吉吃。但A做了自己的"同情之举"后，总觉得有一种奇怪的凄凉感让他无法释然。而小学徒自那以来却是万分感激A，把他当成了菩萨一样。

这部作品很好地表现出了直哉人道主义的实质。（小说中）大写特写了贵族院议员A的优雅、潇洒和他所富有的同情心；但与此相对照，对于底层的小学徒，（书中）把他写成了没骨气、

---

① つまるところ：归根结底。

② 粋：潇洒，风流。

かにも意気地のない、うまいものを食うことしか考えない、そして「お偉い方」の前では「ペコペコと続け様にお辞儀を」することしか知らないようなものに書き立てている。同じ貴族階級の作者の階級的感情がよく表れている。

直哉の同情心は、小僧に対するもののみではなかった。彼は動物に対しても、昆虫に対しても情深かった。『城の崎にて』は、直哉がけがで但馬の城の崎温泉で養生中の心境を書いた随筆風の短篇小説である。この中で、直哉は、玄関の屋根で死んでいる1匹の蜂に、ほかの蜂は一向に冷淡で、巣の出入りに忙しいことを見て淋しいと思った。ほかに鼠の死を見てもイモリ①の死を見ても、直哉も淋しい嫌な気持になった。

『暗夜行路』は、志賀直哉が16年も費やして書き上げた唯一の長篇小説であり、ライフワーク②の作品とされている。主人公時任謙作に絡まる運命悲劇——2つの不倫事件に対する考え方と態度、即ち主人公の人生哲学をテーマにして書いたものである。

2つの不倫事件の1つは、主人公謙作の

只想着好吃的,并且只知在"有身份的人"面前"点头哈腰一个劲儿地作揖"这样的人。这清楚表现出了同为贵族阶级的作者的阶级感情。

直哉的同情心不单只对小学徒,他对动物、对昆虫也很有感情。《在城崎》是一篇散文风格的短篇小说,它描写了直哉因伤在但马的城崎温泉疗养时的一些思绪。在书中,面对大门屋檐上一只死掉的蜜蜂,其他蜜蜂都毫不关心,只是忙于蜂巢出入,直哉看到这个情景就觉得很凄凉,此外,不管是看到老鼠的死还是蝾螈的死,直哉的心情都会变得凄凉和难受。

《暗夜行路》是志贺直哉花了16年才完成的唯一一部长篇小说,被认为是他毕生的作品。小说是以主人公时任谦作对缠绕着他的命运悲剧——两个乱伦事件的看法和态度,也即主人公的人生哲学为主题来写的。

两个乱伦事件之一是主人公谦作

---

① イモリ:蝾螈。
② ライフワーク:毕生的。

第二章　大正・昭和時代の文学

出生の悲劇で、彼は実は父と母との子ではなく、父のドイツ留学中に祖父と母との間にできた子であること。もう1つは、主人公謙作の留守中に妻の直子が従兄の要にその貞操を奪われた事件である。

1つめの不倫事件を、謙作は大きくなってから知ったのであるが、一時は非常に悶え苦しんだ。しかし、考えても「無益で馬鹿げてい」ることだから考えないで、それよりも創作に専念しようと思ったが、なかなか簡単にはうまくいかない。仕事は捗らないし、暗い気分に沈むことが多い。最後には時間の経過に一切をかけるほかはないと思った。これが謙作のこの事件に対する態度である。

2つめの事件が発生した時、謙作は、無理に腹の虫①をおさめようとするし、「時の経過を待つより仕方がない」という友人末松の忠告があるので、謙作はいちおう気が落ち着く。そして一時ではあるが家庭生活の平和が回復される。が、しかしその後の謙作は、やはりそのことにこだわり、いらいらした落ち着きのない生活に落ちこんでしまう。ついに彼は、この状態から脱出するため大山に旅立つ。

的身世悲剧,他实际上不是自己父母所生的孩子,而是父亲留学德国期间祖父与母亲之间所生的。另一个是主人公谦作外出期间他的妻子直子被表兄"要"夺去了贞操这个事件。

第一个乱伦事件是谦作长大以后才知道的,这让他一时间非常苦闷。原本他认为这事想也"无益又愚蠢",就打算不去想它而专心创作,但始终无法轻易做得到。这让他工作进展不顺,心情也经常很郁闷。最后他想只有将一切交给时间来冲逝。这就是谦作对此事件的态度。

第二个事件发生后,谦作努力压住了怒火,还有朋友末松"只有让时间来消磨"的忠告,这都使谦作的情绪大致安定下来,家庭生活也短暂地恢复了平静。但后来谦作仍是对此事耿耿于怀,过着焦虑、不安的生活。最后,他为了摆脱这种状态去了大山旅行。在这里,置身于大山柔和的自然风光中,他的心情渐渐沉静下来,"融入到自然中"才得以摆脱人世间的苦恼。

---

① 腹の虫:情绪,怒火。

ここでは、大山の自然が柔らかく彼を包んで、彼の心境を次第に落ち着かせてゆく。「自然の中に溶け込んで」人間的苦悩から脱出することができるのである。

一切の矛盾に対して、作者は「時間の経過」と「大自然の作用」に救いを求めたのである。主人公にとっては、時間と自然が最大の味方である。矛盾を戦わせて解決するのではなく、矛盾の調和に救いを求めている。これが直哉のヒューマニズムであり、せんずるところ①個人主義にほかならない。苦痛を避け、快楽を求めるのがブルジョア的人生観である。人への同情も、人を愛するのも結局自分のためである。

对于一切矛盾,作者都求助于"时间的流逝"和"大自然的作用"。对于主人公来说,时间和大自然是最大的盟友。不是通过斗争来解决矛盾,而是寄希望于矛盾的调和。这就是直哉的人道主义,说到底就是个人主义。回避痛苦、寻求快乐是资产阶级的人生观,对别人的同情、对别人的爱最后都是为了自己。

三、有島武郎

有島武郎(1878—1923)は、大蔵省の官吏の有島武の長男として生まれ、1923(大正12)年に自殺した人である。彼は同じ白樺派の有島生馬と里見弴の実兄である。彼は、学習院中等科を終えたのち、学習院や東大を拒否して北海道の札幌農学校に入学した。ここでキリスト教に近づき、後アメリカに留学した。帰国後母校

有岛武郎(1878—1923)是作为大藏省(财政部)官员有岛武的长子出生的,于1923(大正12)年自杀身亡。他是同为"白桦派"作家的有岛生马和里见弴的胞兄。有岛武郎于学习院中学部毕业后,放弃学习院大学、东京大学而是到北海道的札幌农业学校去读书。在这里他接触了基督教,后去美

---

① せんずるところ:归根结底。

第二章　大正・昭和時代の文学

の教授となった。1923年北海道の狩太の有島農場を小作人に開放した行為は、武者小路実篤が日向で「新しき村」を建設したこととよく似ている。人道主義を実行で証明しようとした人である。

『かんかん虫』、『カインの末裔』、『或る女』、『生まれ出づる悩み』などの作品があるが、『或る女』が代表作である。

『或る女』の主人公早月葉子は、医学博士の娘で、新しい教育を受けた才色兼備の女性である。彼女は、あらゆる既成の道徳や社会の束縛を蹴とばして、勇敢に自分を生かそうとする女性である。

葉子は、男との恋愛で「どの男に対しても、自分との関係の絶頂がどこにあるかを見ぬいていて、そこに来かかると情容赦もなくその男を振り捨ててしま」う決心をした。15歳の時すでに10歳も年上の恋人を持ち、思うまま翻弄したあげく、自殺同様の死に方をさせたことがある。許婚の木村と結婚するためアメリカへ赴く船中で、はからずも船の事務長倉地に出会った。船でアメリカに入港して木村が出迎えに来ても葉子は上陸せず、またそのまま日本に帰ってしまい、倉地との恋に陥ってしまった。そして、互いにあらゆるものを犠牲にして結ばれている

国留学。回国后做了母校的教授。1923年他将北海道狩太的有岛农场分给佃农的举动很象武者小路实笃在日向地区建设的"新村"，是一个用行动来证明人道主义的人。

有岛武郎发表了《硬壳虫》、《该隐的末裔》、《一个女人》、《与生俱来的烦恼》等作品，代表作是《一个女人》。

《一个女人》的主人公早月叶子是医学博士的女儿，是一位接受新式教育的才色兼备的女性，也是一位抛弃所有旧道德和社会束缚、勇敢主宰自己的女性。

叶子在与男性的恋爱上，下过这样的决心："不管是对哪个男的，在看出他和自己的关系要达到最火热的时候后，就毫不留情地把他抛弃掉"。在15岁时，叶子已经有大她10岁的男友；在被她随意摆布后，这位男友以类似于自杀的方式了解了自己的性命。为和未婚夫木村结婚，叶子坐船远赴美国。在船上，她碰到了该船的司务长仓地。即使坐船进了美国港口而木村来接，叶子却不上岸，就这样又回到日本，并与仓地堕入了情网。叶子觉得两人牺牲一切确定下来的关系幸福绝顶。但是，她们的关系也没有维持

関係を幸福の絶頂だと感じていた。が、2人の関係も長くは続かず、破綻を予想させられたころ、健康をも損い、心身ともに疲れきった葉子は、「間違っていた…然しそれは誰の罪だ。分からない。然しとにかく自分には後悔がある。出来るだけ、生きてるうちにそれを償っておかなければならない」と、病院の一室に横たわって述懐する。

どこが間違っているのか、葉子の後悔は何か、またその償いとは何か、何で償うのかを作者は何も言っていない。有島武郎自身が自分の創造した典型に対して疑惑を感じてきた。不合理な社会制度、封建観念、古い因習や道徳に反抗するのはよいが、しかし結局失敗しなければならないのはなぜか、ここで作者は当惑したのである。

作者の造型した早月葉子という人物は、なるほど当時の封建秩序に対する反逆的な典型ではあるが、しかしそれは革命的な典型ではない。彼女は、ただ自分の感想の動くままにふるまい、個人的享楽生活に熱中するので、これでは反抗にはならない。無方向、無目的の反抗はしようがないのである。個人主義的、自己のための反抗は結局失敗し、妥協的状態に終るよりほかないのである。

多久,在预想到关系破裂的时候,健康受损,身心俱疲的叶子躺在医院一角这样吐露心声:"错了……但这又是谁的过错呢?我不明白。反正,我很后悔。要尽可能趁自己活着的时候把它偿还掉"。

哪里错了,叶子后什么悔,要偿还的又是什么,靠什么来偿还,作者(对此)什么也没说。有岛武郎本人对自己所塑造的典型也感到疑惑,反抗不合理的社会制度、封建观念、旧的习俗和道德当然很好,但为何最后却不得不以失败告终?对此作者也很困惑。

作者塑造的早月叶子这个人物,确实是一个与当时封建秩序作对的叛逆典型,但她不是革命的典型,她仅仅随自己感想所至来行动,热衷于个人的享乐生活,所以这不是反抗。无方向、无目的的反抗解决不了什么。个人主义式的、为自己来反抗的结果就是失败,只能以妥协的状态结束。

第四節　新思潮派の文学

　1907(明治40)年第1次『新思潮』が創刊されて以来、この雑誌は現代まで10数次にわたって文芸同人雑誌として発刊されてきた。この雑誌のもとに集まるグループ即ち新思潮派は、また新理知派、新技巧派とも呼ばれ、やや広義の意味においては新現実派とも呼ばれている。とくに第3、4次時期の代表作家は、芥川龍之介、菊池寛、山本有三、久米正雄、豊島与志雄などである。

　自1907(明治40)年第1次创刊以来，《新思潮》这本杂志至现代已经有10多次作为文艺同人刊物发行。集中在这本杂志下的一批作家也即"新思潮派"又被称为新理智派、新技巧派，再稍微广义地来讲，还被称为新现实派。特别是第3、第4次(刊发)时期的代表作家有芥川龙之介、菊池宽、山本有三、久米正雄、丰岛与志雄等。

一、芥川龍之介

　芥川龍之介(1892—1927)は、東京京橋に生まれた。生後まもなく実母が発狂し、その実兄芥川道章に引き取られてその養子となった。1927(昭和2)年数え年36歳で自らの命を絶ったのである。『鼻』、『羅生門』、『芋粥』、『手巾』、『或日の大石内蔵助』、『戯作三昧』、『枯野抄』、『将軍』、『一塊の土』、『玄鶴山房』、『河童』、『歯

　芥川龙之介(1892—1927)生于东京京桥。出生后不久他的亲生母亲疯了，于是就被舅舅芥川道章收为养子。1927(昭和2)年虚岁36岁时自杀身亡。短篇小说有《鼻子》、《罗生门》、《芋粥》、《手绢》、《某一天的大石内藏助》、《戏作三昧》、《枯野抄》、《将军》、《一块地》、《玄鹤山房》、《河童》、《齿

101

車』、『或阿呆の一生』、『侏儒の言葉』など
の短篇や『地獄変』、『偸盗』などの中篇も
のがある。

芥川の小説を一口に言えばエゴイズム
文学であると言えよう。彼の小説の中を
貫いている精神といったものは、個人主
義だと思う。芥川の小説にはほとんどみ
なこのテーマ、この考え方が貫かれて
いる。

『桃太郎』という作品の中で、彼は鬼ど
もにこう語らせている。「お前たちも悪
戯をすると、人間の島へやってしまうよ
…人間というものは角の生えない、生白
い顔や手足をした、何ともいわれず気味
の悪いものだよ。…男でも女でも同じよ
うに嘘は言うし、慾は深いし、焼餅①は焼
くし、己惚②は強いし、仲間同志殺し合う
し、火はつけるし、泥棒はするし、手のつ
けようのない獣なのだよ…」と。

また、『河童』では、河童の国の生活にこ
とよせ③て、存分に人間社会の罪悪偽善を
批判暴露している。「人間…1本の鉄道を
奪う為に互いに殺し合う…」と、河童ラッ
プ（学生）の口を借りて日露戦争を皮肉っ

輪》、《一个傻子的一生》、《侏儒的话》
等，中篇小说有《地狱变》、《偷盗》等。

简单概括芥川的小说，可以说它
们是利己主义的文学（作品）。贯穿他
小说中的精神就是个人主义，芥川的
小说几乎都贯穿着这个主题和认识。

在《桃太郎》这部作品中，芥川让
鬼们这样讲到："你们调皮的话，也会
给送到人岛上去。……人不长角，有
着苍白的脸和手脚，是一类无法形容
的恶心生物。……男人和女人都一样
说谎，（他们）欲望强烈、爱妒忌、自负
心很强、同伴之间互相杀戮，放火、偷
东西，是一群难于对付的兽类……"。

还有在《河童》里，通过假托河童
国的生活，猛烈批判、揭露了人类社会
的罪恶和伪善。如借河童学生拉普之
口讽刺了日俄战争，他说："人……为
了夺取一条铁路互相杀戮……"。还

---

① 焼餅：嫉妒，吃醋，烤年糕。
② 己惚：骄傲，自负。
③ ことよせる：假托。

第二章　大正・昭和時代の文学

ている。また資本主義の生産様式を諷刺して「この国では平均1か月に7、8百種の機械が新案され、何でもずんずん人手を待たずに大量生産が行われるそうです。従って又職工の解雇されるのも4、5万匹を下らないそうです」。そのくせ、この国では罷業も何もない。というのは、職工をみんな殺してしまって、肉を食料に使うのである。それでも、職工は黙って殺されるよりほかない。「それは騒いでも仕方はありません。職工屠殺法があるのですから。」と書いている。

人間は、みなエゴイストだし、世間は、悪徳、偽善、罪悪に満ちている。エゴイズムが人間の本質であるから、たとえどんなに隠れ蓑①の下に隠れていても、どんなに猫をかぶ②っていても、また何枚の外套を身にまとっていても、その隠されている中の本質はやはりエゴイズムだということには変りがないと、芥川は信じきっている。だから、彼は、聖人だとか、忠臣だとか、烈婦だとか、軍神だとか、天皇だとか、武士道精神だとかいうものを頭から信じないのであって、それを子供騙しぐらいにしか考えていないのである。彼は『将軍』で、

有在讽刺资本主义的生产模式时，（书中这样）写道："听说在这个国家平均1个月会设计出7、8百种的机器，不管什么都不等人手就去迅速大量生产。听说因此被解雇的职工不下4、5万条"。虽然如此，这个国家却没有罢工，这是因为职工都被杀掉了，然后把他们的肉用在食品中。即便如此，职工也只能默默地让人杀，"那即使闹事也没有用，因为有职工屠杀法"。

芥川深信人都是利己主义者，世间充满了缺德、伪善、罪恶，自私是人的本性，不管如何隐藏在遮羞布下、如何装傻充愣，也不管身上披几件外衣，其所隐藏的本性仍然是自私自利。所以，芥川根本不相信所谓圣人、忠臣、烈女、军神、天皇、武士道精神等等。他认为那只是骗小孩的东西。他在《将军》中将当时被视为英雄、被推崇为"军神"的乃木希典降格为俗人，谴责他的愚蠢和残忍，同时还严厉批判了侵略战争的残暴性。

---

① 隠れ蓑：遮羞布，隐身蓑衣。
② 猫をかぶる：装傻。

当時英雄視され「軍神」とまであがめ①られている乃木希典を俗物へ引下し、その愚劣と残忍性を非難し、同時に侵略戦争の残虐性をも厳しく批判した。

『将軍』は、日露戦争中、敵の砲台を奪取するために、2000人ばかりの決死隊の白襷隊を組織し、酒を飲ませ元気をつけさせて死地へ出発させた。将校たちが後で最後の敬礼を送っている。白襷隊は、みな否応なしに選抜され、仕方なしに死地に行くのだから、もちろん反感をもっている。だから、将校たちの敬礼を見ると、「酒保②の酒を一合買うのでも、敬礼だけでは売りはしめえ。」と、敬礼でもってこちらの命を取り換えるのだなと怒りをこめた皮肉を言っている。

『手巾』で、当時大いにもてはやされている反動的風潮の一つである武士道精神に対して、その封建的非人間性を暴露し、批判している。

『或日の大石内蔵助』では、主人浅野内匠頭長矩の仇討を成就した大石内蔵助良雄が当時の人々から忠臣の権化③、義士の典型としてもてはやされ尊敬されてい

在《将军》这部小说中，为夺取日俄战争中敌方的炮台，（日方）组织了2千人左右的敢死队"白带队"，让他们饮酒提神后开赴死地。军官们在后面给他们送上最后的敬礼。"白带队"的队员都是不由分说被选出，不得已开赴死地的，所以他们当然有反感（情绪）。因此，看到军官们的敬礼，就说："去军中小卖部打一小盅酒，只敬一个礼他是不会卖给你的"，这是对（军官们）用敬礼来换自己性命的一个满腔怒火的嘲讽。

在《手绢》中，对当时广受推崇的反动风潮之一的武士道封建、无人性的精神进行了揭露和批判。

《某一天的大石内藏助》描写了为主公浅野内匠头长矩成功复仇的大石内藏助良雄被时人赞为、尊为忠臣化身、义士典范的事。但芥川眼里的良

---

① あがめる：崇拜。

② 酒保：军营小卖部。

③ 権化：化身，菩萨下凡。

たことを書いている。しかし芥川の目から見た良雄は、やはり普通の人間と何も変わるところがなく、ただ一介の武士でしかない。武士であり浅野家の家老である良雄は、否応でもそうせざるを得ないのである。人間の行為というものは、要するにエゴの命令によって行動するものであるから、良雄が仇討をしたからといって超人的な英雄的行為でもなければ、また彼らの仲間で途中で変心をし、裏切をした者も、大石の目（従って作者芥川の目）から見ると「我々と…の差は、存外大きなものではない」のである。彼らが変心したのもやはりエゴの命令によって行動しただけのことである。それはむしろ「自然すぎる程自然であった」。芥川から見ると、忠臣であり、超人的な英雄の良雄も、また裏切者も、結局同じエゴイズムの人間であって、本質的な大差はないのである。

『戯作三昧』では、知識人、学者タイプのエゴイズムを描いている。知識人のエゴイズムというものは、うぬぼれること、我が強いこと、自分だけを信じて人を信じない、独りよがり①で、敗け惜しみで、主観

---

① 独りよがり：自命不凡。

第二章　大正・昭和時代の文学

雄与普通人仍然没有什么两样，只是一介武士而已。作为武士和浅野家的总管，良雄不得不如此做。人的行为总之要听命于私欲来进行，所以良雄的复仇并不是超人般的英雄行为；而从大石眼中（也即作者芥川眼中）来看，那些中途变心、背叛的同伴，（实际上）"与我们之间……并没有差多少"。他们变心也一样只是听命于私欲的一个行动而已，这是"自然得不能再自然的事"了。从芥川来看，忠臣、超级英雄良雄也好，背叛者也好，总之都是自私自利的人，没有本质上大的差异。

《戏作三昧》中描写了知识分子、学者一类的利己主义。所谓知识分子的利己主义就是自负、固执、信己不信他人、自命不凡、不认输，是一种主观主义的。在这部小说中，《南总里见八犬传》

主義的であることである。この小説の中で、『南総里見八犬伝』の作者、老芸術家の滝沢馬琴が、朝湯の風呂場で彼の読本の愛読者近江屋平吉に出会った。

平吉は、最上級の語を使って八犬伝をほめた時にも、馬琴は、格別嬉しいとは思わなかったが、反対に発句の事が聞かれた時、「いや、完く性に合わないと見えて、いまだにとんと眼くらの垣覗きさ。」と謙遜するつもりで言った。しかし、平吉は彼の真意を呑み込めず、彼の謙辞をそのまま言葉通りに受取って、「ははあ、やっぱりそう云うものでございますかな。手前などの量見では、先生のような大家なら、何でも自由にお作りになれるだろうと存じて居りましたが——いや、天、二物を与えずとは、よく申したものでございます。」と言ったのを聞くなり、自尊心を傷付けられた思いをし、苦い顔をしながら、「もっとも、当節の歌よみや宗匠位には行くつもりだがね。」と打っちゃる①ようにして言ったのである。その年に似ず子供らしい自尊心、負け惜しみの内心をいかにもよく描写している。

武士や知識人などはこうであるが、そ

的作者、老艺术家泷泽马琴在晨浴的澡堂里碰到了他的书迷近江屋平吉。

平吉用最高级的词语赞许《八犬传》时，马琴也没有觉得特别高兴，反而听到对方问（和歌）"起句"之事时，却自认谦逊地讲道："没有呀。看起来（起句）一点儿也不合我性，到现在根本就是个瞎子点灯白费蜡呀"。但平吉没明白他讲话的真意，将他的谦辞照单全收，就说"哈哈，敢情是这么回事啊。照我的认识，一直认为象先生您这样的大家什么都能随意创作——但，还是常言说得好，'天不与二物'嘛"。一听到这话，马琴立刻就觉得自尊心受损，于是苦着脸反将一军说"不过，当今的和歌高手、师尊级的水平，我自认为还是有的"。这里形象地写出了马琴那与自己年龄不符的孩子气一样的自尊心和他死不认输的心理。

武士和知识分子是这样的，那农

---

① うっちゃる：反败为胜，抛开。

第二章　大正・昭和時代の文学

れならば百姓はどうであるか。作者の目から見ると、百姓であろうと、将軍であろうと、武士であろうと、知識人であろうと、要するに等しく人間である。その本質はみなエゴである。

『一塊の土』で、作者は、働く農婦の素朴で勤勉な働きぶりをリアルに描いているが、それと同時に百姓の利己心を大々的におおげさに書き立てている。

小説の中で、作者はお住とお民という姑と嫁の勤勉農民の姿を描いた。嫁のお民は素朴な働く農民の典型である。彼女は夫の死後、子の広次と姑のお住を抱えて、女の手一つで一家の暮しを支えつづけた。それには無論、広次のためという一念もあるのに違いないが、しかしまた一つには、彼女の心に深く根ざした遺伝の力もあるらしかった。お民は、村の者から「近在に二人とない偉い人だ」とほめられていた。

こうして足かけ①10年も働いたあげく、腸チフス②で倒れた。彼女は姑と息子に、貯金3千円と畑1町3段を残して死んだのである。姑のお住もよく働いた

民又如何呢？从作者眼中看，无论是农民还是将军，也无论是武士还是知识分子，总之一律都是人，其本质都是自私自利的。

《一块地》中作者逼真地描绘了劳作的农妇那种纯朴和勤勉，同时也夸张地写出了农民的利己思想。

小说中作者描写了阿住和阿民这一对勤劳的农民婆媳形象。媳妇阿民是一个纯朴勤劳的农民典型。她在丈夫死后，带着小孩广次和婆婆阿住，靠着妇人的一双手支撑着一家的生活。这其中当然有为了广次这一信念（在起作用），但此外还有的似乎就是深深扎根于她心底里的遗传的力量。阿民被村里人赞为"附近找不出第二个的了不起的人"。

阿民就这样前后大约劳作了10年，最后因伤寒病到了；她去世前给婆婆和儿子留下了3千日元的存款和1町3段（约合129公亩）面积的田地。

---

① 足かけ：前后大约。
② 腸チフス：伤寒。

が、それよりも作者は彼女をエゴの「典型」として描いたのである。息子の太郎に死なれた時、家は貧しいし、孫の広次は小さいし、働き手はなく、途方に暮れていた。彼女が特に心配したのは、お民はひょっとしたらこの家から出て行ってしまいはしないかということだった。それで、彼女は、お民を引き止めるために、息子太郎のいとこに当るならず者①の与吉をお民の婿にしようとまで思っていた。お民は婿をもらわなかった。そのかわり出ても行かなかった。お住は安心し、また、その嬉しさは一通りではなかった。

しかし、8、9年経って、暮しがよくなり、孫の広次もだんだん大きくなってくると、お住の態度はだんだん変っていった。学校の先生がお民をほめるのを聞いても、発作的に怒り、広次の前でむやみにお民の悪口を言う。だからお民が腸チフスで死んだ時、お住は悲しいどころか、内心ではほくそえ②んでいた。「お民の死は確かに彼女の上へ大きい幸福をもたらしていた。」と彼女が思っていたからである。

作者はエゴを普通的人間性即ち人間の本性と見なしているから、搾取階級でも、

婆婆阿住也很勤劳，但作者没有关注这一点，而是将她作为自私的"典型"来描写的。在儿子太郎死后，家里穷、孙子广次还小，又没有劳力，这让她一筹莫展。她特别担心的是，阿民会不会有一天离开这个家。于是，她为了留住阿民，甚至想让儿子太郎的二流子表弟与吉来入赘给阿民。(但)阿民没有要，也没有离开家。阿住放心下来，她的高兴劲自然不一般。

然而过了8、9年后，生活好了，孙子广次也渐渐大了，阿住的态度就慢慢变了。听到学校老师表扬阿民，她就发神经，在广次面前乱说儿媳的坏话。所以阿民死于伤寒的时候，阿住不但不悲伤，内心还窃喜，这是因为她认为"阿民的死确实带给了她很大的幸福"。

因为作者将利己主义看作是普通的人性即人的本性，所以无论是剥削

---

① ならず者：无赖，恶棍。
② ほくそえむ：窃喜。

第二章　大正・昭和時代の文学

被搾取階級の勤労人民でも一様にエゴイストであり、この点においては変ったところがないと見なしている。

　要するに芥川の小説は、みなエゴイズムをテーマにして書いたものである。これはまた彼自身の人生観である。

　人生の幻滅を感じた芸術家芥川は、落莫とした孤独感に陥り、「孤独地獄」に浮沈している。だから彼の作品は、決して実篤、直哉のような晴々とした「お目出たき」ものではなく、また菊池寛のような明快さもなかった。それには苦渋の色深い、どことなく重苦しい感じのする作品が多かった。が、物を見る目が先鋭で、澄切った透徹した辛辣さがある。

　芥川の小説の題材も非常に範囲が広く、王朝物、震旦①物、天竺物、切支丹②物、江戸物、開化期物とあらゆる面に広がり、典拠になった材源も広範にわたっている。彼の小説を読んで感じるところは、芸術的精進の激烈さと広範さ、その旺盛にして貪婪な知識欲であり、内外古今の知識の扉を読者の眼前に開けてくれるものがある。芥川は筆致洗練、表現描写が適確

阶级还是被剥削阶级的劳动人民都一样是自私自利的，他认为在这点上（两者）没有不同。

　总而言之，芥川的小说都是以利己主义为主题来写的，这同时还是他自己的人生观。

　感到人生幻灭的艺术家芥川陷入落寞的孤独感中，沉浮于"孤独地狱"中。所以，他的作品绝不象实笃、直哉那样是灿烂"可喜的"，也没有菊池宽那样的明快，更多的是苦涩凝重、感觉有些压抑。但因他观察事物的眼光锐利，（使作品）有一种透彻见底的辛辣味。

　芥川的小说题材范围非常广，有王朝（平安时代）故事、中国故事、印度故事、天主教故事、江户故事、文明开化时期的故事等方方面面的内容，所依据的素材资源也很广泛。读他的小说让人有感触的是他在艺术钻研上的勤奋和涉猎之广，还有他那旺盛而贪婪的求知欲，这使他的小说能将古今中外的知识大门打开在读者眼前。芥川是一位创作"文艺性的而且是非常文艺性的"作

---

① 震旦：中国的别称。
② 切支丹：天主教。

で芸術性の高い「文芸的な、余りに文芸的な」作品を書く作家である。

品的作家,他的作品文笔精炼,表现、描写准确并且艺术性很高。

二、菊池寛

　菊池寛(1888—1948)は、本名は寛(ひろし)で、香川県高松市の生まれである。父は当時小学校の庶務係であった。家が貧しく、図書館に通って本を読んだ。東京高師に推薦入学したが、放縦に流れ、除籍された。のち一高を経て京都大学に入った。1914年一高の同級生山本有三、芥川龍之介らと第3次『新思潮』を創刊した。『恩讐の彼方に』や『藤十郎の恋』などがその代表作である。

　菊池寛はテーマ小説の作家と言われている。彼の作品は、あるテーマに対する心理的、主観的解釈が中心で、人物も事件もそのテーマに集中されている。彼も、近代人のエゴイズムをさらけ出そうとしているが、しかし彼は芥川龍之介ほど深刻ではなく、人間や社会の矛盾を追いつめようとはせず、それを合理化し、いい加減に解決しようとしている。

　小説『恩讐の彼方に』も劇『父帰る』も彼の名作であるが、一時的感激でもってすべての矛盾を解決しようとしている。

　菊池宽(1888—1948)的原名叫(菊池)宽(("宽"读)"hiroshi"),生于香川县高松市。他的父亲当时是小学的后勤管理人员。(因)家境贫寒,菊池宽就去图书馆蹭书读。虽然被推荐进入东京高等师范学校读书,但因生活放纵被开除了。后入读第一高中并进入京都大学学习。1914年与一高的同学山本有三、芥川龙之介等创办第3次《新思潮》杂志。《恩仇的彼岸》、《藤十郎之恋》等是他的代表作。

　菊池宽被称为主题小说的作家。他的作品主要对某一主题进行心理的、主观的解释,无论是人物还是事件都紧扣这个主题。他还努力揭露现代人的利己主义,但他没有芥川龙之介那么深刻,不去致力于追究人、社会的矛盾,而是将它们合理化处理以及随意地来解决。

　小说《恩仇的彼岸》和戏剧《父归》都是他的名作,却都是依靠短暂的感动(之情)来解决所有的矛盾。而在

第二章　大正・昭和時代の文学

『藤十郎の恋』などは、芸の精進のためなら、他人を1人や2人ぐらい死なしてもよいと考えるし、『忠直卿行状記』では、越前少将忠直のような暴君でも、彼の乱行は、67万石を持つ大名だからであって、「67万石も持たせ給えば、誰も紂王の真似なども致したくなるものぞ　殿の悪しきに非ず」と解釈している。

菊池寛の小説はよく人に読まれている。文章が明快率直で大衆向きであり、文芸的趣味に富んでいる。『屋上の狂人』、『身投げ救助業』、『真珠夫人』、『蘭学事始』、『入れ札』、『島原心中』、『啓吉物語』などの作品がある。

菊池寛はわりに美文を書く作家である。が、彼は政治上かなり反動であった。早い話が、プロレタリア文学運動の初期『種蒔く人』が発行されてまもない1923（大正12）年に、彼は、わざわざプロレタリア文学撲滅を標榜した雑誌『文芸春秋』を発行した。以来『文芸春秋』はプロ文学、したがってまた社会主義運動を撲滅する牙城①としてむやみにプロレタリア文学に噛みついたのである。盧溝橋事変後、特に太平洋戦争開始以後、彼は積極的に

《藤十郎之恋》里他认为要磨炼技艺，就可以让别人死掉1、2个；在《忠直卿行状記》中，即使是象越前少将忠直这样的暴君，因为他是拥有67万石（领地）的大名，所以对于他的恶行，书中就这样解释说："有67万石，谁都会想效仿一下纣王的。这不是您的过错"。

菊池宽的小说广为阅读，他的文章明快直接，适合大众口味，也富有文艺趣味。有《屋顶狂人》、《以救投河者为业的人》、《珍珠夫人》、《兰学事始》、《门牌》、《岛原情死》、《启吉物语》等作品。

菊池宽是一个文章写得比较美的作家，但他政治上却相当反动。直接来说，在无产阶级文学运动初期，《播种者》发行不久的1923（大正12）年，他有意地发行了宣称要扑灭无产阶级文学的杂志《文艺春秋》。从此以后，这本刊物作为扑灭无产阶级文学、进而是社会主义运动的一个老巢疯狂向无产阶级文学进行围攻。卢沟桥事变后，特别是太平洋战争开始以后，他积极配合侵略战争，发表了吹捧军国主

---

① 牙城：牙城，根据地。

侵略戦争に協力し、軍国主義侵略戦争をおだてる①小説を発表するなど、エネルギッシュ②に活躍していた。そのため戦後の1947（昭和22）年アメリカ占領軍司令部から公職追放の処分を受けたのである。

义侵略战争的小说，不遗余力地上蹿下跳。为此，战后1947（昭和22）年，他受到了美国占领军司令部开除公职的惩处。

第五節　プロレタリア文学

一、『種蒔く人』

プロレタリア文学の発足は、土崎版『種蒔く人』が発行された時であると言えよう。これは1921（大正10）年の2月、小牧近江が秋田県の小さな港町土崎で出した18ページの小冊子である。同人は小牧のほか今野賢三、山川亮などがいる。反戦運動、第三インターナショナルを紹介する文章などが掲載されていた。

土崎版は3号で休号になり、10月新たに佐々木孝丸、村松正俊、柳瀬正夢を同人

无产阶级文学可以说肇始于土崎版《播种人》的发行。该刊是1921（大正10）年2月由小牧近江在秋田县滨海小镇土崎印发的18页的小册子。成员除了小牧之外，还有今野贤三、山川亮等人。这份刊物刊登了介绍反战运动、第三共产国际的文章。

土崎版（《播种人》）到第3期就停刊了，（当年）10月新加入了佐佐木孝

---

① おだてる：吹捧，煽动。
② エネルギッシュ：起劲，不遗余力，精神饱满。

第二章　大正・昭和時代の文学

に加えて、改めて東京から第1号を発行した。その時の宣言は、「…僕たちは現代の真理のために戦う。僕たちは生活の主である。生活を否定するものは遂に現代の人間ではない。僕たちは生活のために真理を擁護する。種蒔く人はここに於て起つ——世界の同志と共に——」である。

まもなくさらに平林初之輔、青野季吉、山田清三郎らの参加を得て、近代文学史に一時代を画するプロレタリア文学運動の主流として成長していった。

日本のプロレタリア文学運動も、国際的プロレタリア文学運動と同じく、決して単なる一文学流派としての運動ではなく、その誕生の時から政治運動、プロレタリアの解放運動と固く結びついていた。だからこの意味においては、単なる学術的に無産者運動を研究したり、プロレタリアートを描いたりあるいはプロレタリアート出身の作家の筆による作品などは、プロレタリア文学とは言えないのである。プロレタリア文学はプロレタリア革命、社会主義の政治運動の一環でなければならないし、政治運動から絶えず養分を吸収し、階級闘争に奉仕し、社会主義革命を助成する戦闘的な文学でなければならないのである。

丸、村松正俊、柳瀬正梦等成员，重新在东京发行了第1期。当时的宣言是：".……我们将为现代的真理而战。我们是生活的主人，否定生活者终将不会是现代的人。我们将为生活拥护真理。播种者于此奋起——与世界同志同行——"。

不久之后，又有平林初之辅、青野季吉、山田清三郎等人加入，这使该刊物成长为（日本）近代文学史上划时代的无产阶级文学运动的主流。

日本无产阶级文学运动也和国际无产阶级文学运动一样，绝对不只是作为一个文学流派的运动，从它诞生的时候起就与政治运动、无产阶级解放运动紧密相连。因此在这个意义上，单单是学术上研究无产者运动、描写无产阶级或者是由无产阶级出身的作家所写的作品等，都还不能够称之为无产阶级文学。无产阶级文学必须是无产阶级革命、社会主义政治运动的一环，必须是从政治运动中不断吸收养分、为阶级斗争服务、帮助社会主义革命的战斗文学。

東京版『種蒔く人』は、1923(大正12)年の日本関東大震災で休刊を余儀なくされるまで21号を発行し、官権や既成文壇の圧力に抗しながら、社会主義の啓蒙的な活動を続け、プロレタリア文学の確立、発展につとめた。創作の面では、これという作品を生むまでに至らなかったが、評論では村松正俊の『労働運動と知識階級』(1921)、平林初之輔の『文芸運動と労働運動』(1922)、『無産階級の文化』(1923)などが書かれている。

东京版《播种人》因1923(大正12)年的日本关东大地震而不得已停刊,在此之前共发行过21期。它在反抗来自公权力以及既有文坛压力的同时,还坚持社会主义启蒙运动,致力于无产阶级文学的确立和发展。在创作方面虽没有产生影响力的作品,但在评论方面有村松正俊的《劳工运动与知识阶级》(1921)、平林初之辅的《文艺运动与劳工运动》(1922)和《无产阶级的文化》(1923)等著作。

二、『文芸戦線』とナップの時代

1924(大正13)年6月旧『種蒔く人』同人によって『文芸戦線』が発刊された。この雑誌は、特別な理論的活動も作品的活動もなく、経済的理由で翌1925年1月号をもって休刊することになったが、この年の6月にまた復刊した。プロレタリア文学運動再建を計ろうとして、青野季吉、葉山嘉樹、黒島伝治などは、『文芸戦線』を中心として、1925(大正14)年12月「日本プロレタリア文芸連盟」(プロ連)を結成した。翌1926年11月には「プロ連」に中野重治、鹿地亘らが加わって、「日本プロレタリア芸術連盟」(プロ芸)が成立した。こ

1924(大正13)年6月由旧《播种人》的成员创办了《文艺战线》。这本杂志在没有特别的理论和创作活动下,因经济原因在转年的1925年第1期发行完后就停刊了,但在这一年的6月份又复刊了。为了要重建无产阶级文学运动,青野季吉、叶山嘉树、黑岛传治等人就以《文艺战线》为班底,于1925(大正14)年12月成立了"日本无产阶级文艺联盟"("无产联")。转年的1926年11月中野重治、鹿地亘等加入"无产联",并改组成立了"日本无产阶级艺术联盟"("无产艺联")。这

第二章　大正・昭和時代の文学

の間に『文芸戦線』に、同人として参加した葉山嘉樹、藤森成吉、黒島伝治、平林たい子、藏原惟人らの新人が創刊と評論に活発な活動を始めるようになった。

のちにプロ芸連盟が分裂したため、1929年に「全日本無産者芸術連盟」(ナップ)が結成された。文芸団体は「日本プロレタリア作家同盟」と称し、機関誌『戦旗』を発行した。このころ相前後してナップ派に新たに加盟したものには、小林多喜二、中条(宮本)百合子らがいる。なお、1932(昭和7)年『文芸戦線』は廃刊を余儀なくされた。

段时期,作为同人加入《文艺战线》的叶山嘉树、藤森成吉、黑岛传治、平林泰子、藏原惟人等新人积极参与创刊和评论活动。

后来因为"无产阶级艺术联盟"分裂,1929年就新成立了"全日本无产者艺术联盟"(简称"纳普"),文艺团体则被称为"日本无产阶级作家同盟",并发行机关刊物《战旗》。这期间先后加入"纳普"一派的新成员还有小林多喜二、中条(宫本)百合子等作家。需要补充的是,《文艺战线》于1932(昭和7)年不得已停刊。

三、主な作家と作品

初期のプロレタリア文学において理論的方面で活躍した人は平林初之輔や青野季吉らであるが、作家としては、早い時期のものとして、前田河広一郎の『三等船客』(1921)がアメリカから日本へ帰る廃残の移民船の生活を描き、金子洋文の『地獄』(1923)が奥羽地方の農村の地主と小作人の関係を扱うものが挙げられる。ほかに、細井和喜蔵の『女工哀史』(1925)は小説ではないが、綿密に調査した紡織工の生地獄の生活と労働の記録文である。

初期的无产阶级文学在理论方面活跃的是平林初之辅、青野季吉等人;作为作家来说,早期的有前田河广一郎和金子洋文。前者写了《三等船客》(1921),描写了从美国回日本的残破移民船上的生活;后者写的《地狱》(1923)描写了奥羽农村地区地主与佃农的关系。其他的如细井和喜藏的《女工哀史》(1925)虽然不是小说,但却是一部仔细调查纺纱工地狱般生活和劳动的报告文学。

日本近代文学关键词

初期のプロレタリア文学を本格的に開発した作家は、葉山嘉樹と黒島伝治であり、その後の有能な代表作家は小林多喜二と宮本百合子である。

（一）葉山嘉樹

葉山嘉樹（1894—1945）は、福岡県豊津の生まれで、1945（昭和20）年没した。豊津中学を卒業後、一時早稲田大学文科に籍を置いたが、ゴーリキー①やドストイェフスキーを愛読し、中退して貨物船や石炭船に乗り組んだ。彼は下級船員生活を経て労働運動に投じたが、その後下級事務員をしながら『文芸戦線』に参加し、自分の体験をすぐれたリアリズムで表現して力強い迫力を見せた。『淫売婦』、『海に生くる人々』、『労働者のいない船』、『セメント樽の中の手紙』などの作品において、下積みの被搾取階級の苦難を描きながら、彼らが自覚し、成長し、戦闘していく過程をリアルに跡づけている。

彼の文学の特色は、労働者の反逆精神を歌いあげても、それがアナーキー②なものに終わらずに、労働者に階級的な自覚にまで深められ、連帯感情を高めている点にある。いわゆる労働文学を母胎とし

真正意义上开拓初期无产阶级文学的作家是叶山嘉树和黑岛传治，后来的优秀代表作家是小林多喜二和宫本百合子。

叶山嘉树（1894—1945）生于福冈县丰津，1945（昭和20）年去世。丰津中学毕业后，短时就读于早稻田大学文科专业，爱好阅读高尔基、陀思妥耶夫斯基等人的作品。大学退学后做了货船、运煤船的船员。他经历了底层船员的生活后投身于劳工运动，其后在做低级文员的同时加入了《文艺战线》（阵营），用精彩的写实主义（手法）书写自己的经历，（其作品）展现出了一股强有力的气魄。在《卖淫妇》、《生活在海上的人们》、《没有劳动者的船》、《水泥桶里的一封信》等作品中，除了描写底层被剥削阶级的苦难外，还形象记录了他们自我觉醒、成长、战斗的过程。

他的文学特色是：即便是讴歌劳动者的反叛精神，也不是以无政府状态结束，而是（将它们）深入到劳动者的阶级觉悟、提升到（阶级）团结感情上。对以所谓的劳工文学为母体自然

---

① ゴーリキー：高尔基。
② アナーキー：无政府状态、混乱状态。

第二章　大正・昭和時代の文学

て発展した自然成長的なプロレタリア文学に、階級的な観点を据え明確な目的意識を持つことを可能にしたのが、葉山の功績であり、『海に生くる人々』はその記念碑であった。

『海に生くる人々』は、北海航路の石炭船万寿丸が風雪の中を怒濤に揉まれながら進む様子を描いている。この船には労働運動の経験を持つ倉庫番の藤原六雄（主人公）、『資本論』を読みかじっている波田、高級船員を夢みている舵手の小倉など、さまざまな経験と性格を持った水夫らが乗っている。彼ら下級船員たちは、上級船員から虫けら同然に取り扱われ、苛酷な労働と不当な搾取を強いられて、やがてストライキ①に立ちあがる。この小説では、未組織の海上労働者たちが近代的な労働者としての階級的な自覚を持つに至るまでの成長の過程を活写している。

葉山嘉樹は、欧州航路の石炭船の三等セーラーの経歴を持つ人であり、マドロス②のほか、セメント工場の労働者、新聞記者、店員などをしながら労働運動に参加し、1922（大正11）年治安警察法に触れ

成长式发展起来的无产阶级文学，能够插入阶级观点并（使之）具有明确的目的性都是叶山的功绩，《生活在海上的人们》就是其中一部纪念碑式的作品。

《生活在海上的人们》描写了北海航运线上的运煤船"万寿丸"顶风冒雪在海上颠簸前行的情形。这艘船上有参加过劳工运动的仓库员藤原六雄（主人公）、苦读《资本论》的波田、梦想做高级船员的舵手小仓等各种经历和性格的水手。他们这些下级船员被高级船员视同脚底小虫一样对待，还要忍受残酷的劳动和不当的压榨。不久，他们就起来罢工。这部小说生动刻画了零散的航海工人发展为拥有现代工人阶级觉悟的这个成长过程。

叶山嘉树有过航行于欧洲线的运煤船三等海员的经历，除了海员外，还做过水泥厂工人、报社记者、店员等职业，这期间投身于工人运动；1922（大正11）年因触犯治安警察法而被拘捕，

---

① ストライキ：罢工。
② マドロス：船员，水手。

て拘束され、名古屋刑務所や東京巣鴨刑務所に入れられている。

『海に生くる人人』は、1917(大正6)年頃に着手し、1923(大正12)年に名古屋刑務所の獄中生活で完成されている。この小説はプロレタリア文学運動がまだ自然成長的な段階にあった時期に、階級的な生活意識を把握し、それにふさわしい清新な表現様式を打ち出した点で画期的な位置を占める。小林多喜二は、「葉山の『海に生くる人人』一巻は僕にとって、剣を擬した『コーラン①』だった」と述べている。黒島伝治も『葉山嘉樹の芸術』で、葉山の小説の叙事詩的性格と新感覚派にも勝る清新潑剌たる表現に言及して、労働者出身でなければできない独特の才能のひらめき②と爽やかな健康美を認めている。

葉山の作風は、一面で自然成長的な労働体験主義の印象を与えるが、一般の私小説家と異質なのは、彼の創作主体が個を超えて社会に向って開かれ、プロレタリア・リアリズムとでもいうべき特質を持っていることである。個々の作品についていえば、人物の描き方が幾分類型的であったり、思想が生硬で概念的な嫌いが

并被关进名古屋、东京巢鸭等监狱。

《生活在海上的人们》开始写于1917(大正6)年前后,1923(大正12)年完成于名古屋监狱服刑期间。这部小说在无产阶级文学运动尚处于自然成长阶段的时期,就把握到阶级性的生活认识,并推出适合于此的清新表现形式,在这一点上它占有划时代的地位。小林多喜二曾说"叶山的《生活在海上的人们》一卷书于我而言,就是带剑的《古兰经》"。黑岛传治也在《叶山嘉树的艺术》中谈到叶山小说叙事诗般的特征和胜于新感觉派(作品)的那种清新泼辣的(语言)表现,并认为只有工人出身者才会有这样独特的才能亮点和清爽的健康美。

叶山的作品风格整体上给人一种自我成长式劳动经验主义的印象,但与一般心境小说家迥异的是,他的创作主体已经超越个体而向社会扩展,有着可称之为无产阶级现实主义这样一个特征。就(他的)各作品而言,虽然存在人物描写手法有几分类型化、思想僵硬且带有概念化倾向等缺点和

---

① コーラン:古兰经。
② ひらめき:闪光,光彩照人。

あったり、欠点や不備な点はあるが、その点がそのまま魅力になるような新鮮な感動があり、労働者階級の反抗心や人間的なエネルギーを引き出すのに効果を発揮している。

(二) 黒島伝治

　黒島伝治(1898―1943)は、香川県小豆郡の貧しい農家に生まれた。家が貧しかったために、小学校では優秀な成績だったにもかかわらず、中学校に進むことができず、漁夫、百姓、醤油工場の労働者など転々と下積みとしての生活を続けていた。彼は小さい時から文学を好み、18、9歳の時から短歌、小説の習作をした。1919年(21歳)早稲田大学高等予科に第2種学生として入学したが、まもなく召集されて入営①した。1921年5月にシベリアに派遣されたが、翌年の7月肺病で兵役免除となり郷里の小豆島へ帰った。享年は45歳である。

　黒島伝治の小説は、日本の水飲み百姓②のみじめな生活を題材にしたものと、シベリア出征中に取材した反戦物とがある。前者の代表作には処女作の『電

疏漏,但这本身却也给人一种引人入胜的新鲜感触,在导出工人阶级的反抗意识和人的(内在)力量上发挥了效果。

　黒島传治(1898―1943)生于香川县小豆郡的一户贫农家庭。因为家贫,尽管小学成绩优秀却不能升入中学,辗转做渔民、农民、酱油厂工人等来维持着底层的生活。他自幼爱好文学,18、9岁时开始练习短歌、小说创作。1919年(21岁)作为第2类学生进入早稲田大学高等预科班学习,但不久就被征召入伍。1921年5月被派往西伯利亚,但转年的7月因肺病免除兵役回到了家乡小豆岛。享年45岁。

　黒島传治的小说有以日本贫农的悲惨生活为题材的,也有取材于西伯利亚从军经历的反战作品。前者的代表作有处女作《电报》以及《两分硬币》、

---

① 入営：入伍,参军。
② 水飲み百姓：贫农。

報』や『二銭銅貨』、『氾濫』などがあり、後者には『橇』、『渦巻ける鳥の群』、『雪のシベリア』などがある。

『電報』は主人公源作という勤労農民のみじめな境遇を扱っている。源作は16歳で父親に死なれ、それ以来一本立ち①で働きこみ、50歳になってやっと四反歩の畠と2000円ほどの貯金を持つようになった。

彼は、せめて自分の息子だけは自分と同じ苦労をさせまいと食い物もろくに食わずに働いて貯蓄した。彼は息子を中学校に入れ、高等工業学校を卒業させて出世させようと自分の夢の一切を息子に託し、中学校を受験させた。ところが、村会議員の小川などは頭から反対し、「…労働者が息子を中学へやるのは良くないぞ。人間は中学やかいへ行っちゃ生意気になるだけで、働かずに、理屈ばっかりこねて、却って村のために悪い。…子供を学校へやって生意気にするよりや、税金を一人前②納めるのが肝心ぢゃ。その方が国のためぢゃ」などと横柄な口をきく。

こうして源作は、今年から税金を一

《泛滥》等，后者有《雪橇》、《盘旋的鸦群》、《风雪西伯利亚》等。

《电报》写了主人公源作这个勤劳农民的悲惨境遇。源作16岁时死了父亲，从那以后他独挑大梁来劳作，到了他50岁时总算有了4反（约40公亩）的土地和2000日元左右的存款。

源作想至少不要让儿子也受自己这样的苦，就省吃俭用地劳作、储蓄。他要把儿子送进中学，让他从高等工业学校毕业、出人头地，他把自己这一切的梦想托付给儿子，让他参加中学考试。可是，村委会议员小川等坚决反对，用蛮横的口气说："……干粗活的人把儿子送到中学不好哇。人要是去了中学只会变得自以为是。不做事、好强词夺理，这反而对村里不好……与其把小孩送到学校让他变得自以为是，还不如交上一个成丁税更重要。这才是为了国家"。

就这样，源作被要求从这一年开

---

① 一本立ち：独自，自立。
② 一人前：成年人，一份儿，够格。

第二章　大正・昭和時代の文学

戸前持たすことを言いわたされる。この一撃で源作の夢は脆くも崩れた。受験のために町に行っている息子は、電報で呼び返された。結局、彼の息子が、醬油屋の小僧にやられてしまった。

こういう社会においては、下積みのものは、どんなに踏ん張ってもがいても、そのみじめさから脱出することができないのである。

『二銭銅貨』で、作者は、わずか二銭を始末①して普通のこまの緒よりちょっと短いのを買ったために、それが原因で子供を殺した母の嘆きを書いている。

『氾濫』では、無知な、卑屈な、みじめな生き方をしているお鹿という働く百姓の老婆が、あまり搾り取られ生きていかれなくなったので、ついに立ちあがって農村の資本家兼地主の半次郎とその代理人である警官に反抗し、猛烈に戦うことを描いている。

黒島伝治の小説の主人公は、決して先進的、英雄的な人物ではなく、むしろ、後れた、無知ではあるが、よく働く百姓であった。彼らは長いその生涯を封建制の絆でがんじがらめ②に縛り上げられ、忍従

始要(给儿子)按一个成丁缴税。这一击让源作的梦顷刻间土崩瓦解。他打电报催回了去城里考试的儿子。最后，他的儿子被送去酱油厂做了学徒。

在这样的社会中，底层的人不管怎样坚持、挣扎，都无法摆脱他们的悲惨(命运)。

在《两分硬币》里，作者写了一个母亲可叹的故事：仅仅为节约两分钱而给孩子买了比一般要稍短的陀螺绳，(结果)却因此害死了孩子。

《泛滥》讲的是：一个叫阿鹿的无知、卑微、生活艰难的勤劳农民阿婆受尽压榨，无法生存下去了，于是最后她挺身反抗农村资本家兼做地主的半次郎及其代理人警察，并(与之进行)激烈斗争。

黑岛传治的小说主人公决不是先进的英雄人物，更多的则是落后无知却又勤劳的农民。他们漫长的那一生都被封建制的羁绊束缚得严严实实，在顺从和绝望中不得以过着卑微、凄

---

① 始末する：节约，收拾。
② がんじがらめ：捆住手脚，束缚。

と諦めのうちに、卑屈な、みじめな生き方を強いられるが、いよいよ生きていかれない瀬戸際①にまで追いやられると、抑えても抑えきれない激しい爆発力となって、封建の鎖を断ち切って戦いに立ちあがるのである。

『渦卷ける烏の群』は反戦文学としての傑作である。松木、武石、吉永という3人の貧しい農民出身の兵卒が広漠たる冬のシベリア遠征にやられるが、シベリアの田舎の娘ガーリヤに残飯などをやったりして親しくなってゆく。これが大隊長の嫉妬を買い、そのために処罰として彼らの中隊は、第1中隊の代りに、イイシという辺境の守備へ追いやられる。その部隊は全員雪の広野の中で倒れていった。春が来て黒い烏の群が空中に渦を卷く。烏は貪欲な嘴でそこここを探しながら啄いている。そこには松木らの中隊の兵士たちの屍が半ば啄かれながら散り散りに横たわっている。

作者は、侵略戦争に駆り立てられ、その犠牲となった兵卒に同情し、軍閥将校に対し激しい憎悪の念を抱きながら筆を運んでいる。

惨的生活；但当到了无法生存下去的紧要关头，他们就会变成一股难以抑制的强大的爆发力量，从而斩断封建枷锁奋起反抗。

《盘旋的鸦群》是反战文学的杰作。松木、武石、吉永这3个贫农出身的士兵寒冬中被随军派到广漠的西伯利亚，他们给当地的乡下姑娘葛莉娅剩饭吃，彼此熟络起来。这引起了大队长的嫉妒，为此罚他们中队代替1中队去守卫伊西这个边境地区。整个中队在雪原中一个一个倒下。春天到来后，黑黑的乌鸦群盘旋在空中，乌鸦用它们贪婪的嘴啄这啄那地找吃的。在那儿躺着的是松木他们中队士兵被半啄得散乱一片的尸体。

作者同情那些被强征去参加侵略战争并丧生的士兵，抱着对军阀将官们激烈憎恶的想法来写作。

---

① 瀬戸際：紧要关头，危险境地。

『橇』も同じシベリア出兵の際、戦争の矛盾を悟った兵卒が銃殺され、兵卒たちが空腹と疲労の中をあてもなくふらつく①有様を描いている。ともに侵略戦争の本質を鮮やかに描き出した反戦文学である。

(三) 小林多喜二

小林多喜二(1903—1933)は秋田県の貧しい農家に生まれた。4歳の時、彼の一家はその村で生活を続けることができなくなって、北海道の小樽に渡る。当時小樽で製パン工場を経営していた伯父に頼っていったのである。多喜二はそこで小学校を終え、伯父のパン工場で働きながら、商業学校に通い、1924(大正13)年に高等商業学校を卒業して、北海道拓殖銀行の小樽支店に勤務した。

小林多喜二は、すでに商業学校在学中から文学を好み、雑誌に作品を投稿したり、友人たちと同人雑誌『クラルテ』を創刊したりしていた。彼は、やがてマルクス・レーニン主義の著作を耽読し、また一方、土地の労働組合に関係して、小作争議や労働争議の応援に出かけていった。こうして、次第に社会主義者として

第二章 大正・昭和時代の文学

《雪橇》(的故事)也同样发生在出兵西伯利亚这一段时期。它描写了看穿战争矛盾的兵卒被枪杀，兵卒们在饥饿和疲惫中漫无目的地蹒跚行进的情景，也是鲜明写出侵略战争本质的反战文学(作品)。

小林多喜二(1903—1933)生于秋田县的一户贫农家庭。4岁时，他一家在村里无法生活就到了北海道的小樽，去投靠当时在那儿经营一家面包厂的伯父。多喜二在那里读完小学就边在伯父的面包厂工作边去商业学校学习，1924(大正13)年于高等商业学校毕业后，去了北海道拓殖银行的小樽分行工作。

小林多喜二在商业学校读书期间就开始爱好文学，向杂志投稿、与友人合办文学杂志《光明》。他不久就埋头苦读马克思、列宁主义的著作。另一方面，他还参与当地的工会组织，奔走、声援租佃斗争以及劳资斗争。就这样，多喜二渐渐清醒认识到他自己作为社会主义工作者的前进道路。同

---

① ふらつく：蹒跚，摇晃，溜达。

の自分の進路をはっきりと自覚するようになった。同時に文学においても、プロレタリア芸術運動に積極的に参加し、この地方における活動の組織者となった。だから彼にあっては、初めからマルクス主義の理論と革命的実践が固く結びついており、一人の革命家として勇敢に戦い、死をもって自分の信念を貫き、革命の利益を守ったのである。

多喜二が活躍していた30年代の日本は、階級闘争が非常に激しく、右翼的勢力が忌憚なく横行し、軍閥、官僚ないし民間のファシズム勢力が頭をもたげ、魑魅魍魎乱舞、百鬼夜行の世の中であった。が、彼は、その渦巻く濁流を掻き分けて前進し、特に文化文学の面で反戦、反ファシズムの戦いを存分に果したのである。

彼は1929年2月プロレタリア作家同盟の中央委員に選ばれ、1931年7月にその書記長になった。ついで10月に非合法下の日本共産党に入党し、主として文化面での党活動をした。1933年2月20日の正午頃、小林多喜二は、同志の今村恒夫と東京赤坂街頭連絡中を特高警察に襲われ、格闘の末、逮捕され、その日の午後7時頃に虐殺された。年わずか29歳の働き盛りの青年であった。

时在文学上,他也积极参加无产阶级艺术运动,成为当地活动的组织者。所以,在他来说,一开始就是马克思主义理论和革命实践紧密地结合起来;同时还作为一个革命家勇敢斗争,死也要贯彻自己的信念,捍卫革命的利益。

在多喜二活跃的1930年代的日本,阶级斗争异常激烈,右翼势力肆无忌惮地横行,军阀、官僚以及民间法西斯主义势力抬头,是一个妖魔肆虐、群魔乱舞的世道。但多喜二拨开这股汹涌的浊流(奋勇)前行,特别在文化、文学方面充分展开了他的反战、反法西斯主义的战斗。

多喜二于1929年2月被选为无产阶级作家联盟的中央委员,1931年7月成为总书记;接着在10月加入(当时)还未合法的日本共产党,主要进行文化面的党务活动。1933年2月20日的正午时分,小林多喜二在东京赤坂街头与同志今村恒夫接头时,被特别高等警察袭击,经过一番格斗后被捕,于当天下午7点左右被拷打致死。(死时)年仅29岁,还是一个正值风华正茂年龄的青年。

第二章　大正・昭和時代の文学

小林多喜二を虐殺した日本ファシズムの暴行は、日本国内外の間に大きな憤激を巻き起こした。中国の革命作家魯迅は、小林多喜二の死に対する弔辞を寄せて、こう言っている。「日本と中国の大衆はもとより兄弟である。資産階級は、大衆を騙して、その血で界を描いた。また、描きつつある。しかし、無産階級とその先駆者たちは、血でそれを洗っている。同志小林の死は、その実証の一つだ。我我は知っている。我我は忘れない。我我は堅く同志小林の血路にそって手を取り合って前進しよう」と。

1934年、即ち小林多喜二の死の翌年、モスクワでゴーリキーの司会のもとに開かれたソビエト作家同盟の創立大会においても、小林多喜二の虐殺に対する抗議が満場の拍手のうちに高唱された。また彼の代表的な作品は、中国、ソビエト同盟、ドイツ、イギリスなどで翻訳され、それぞれの国で大きな感銘を与えた。

『1928年3月15日』、『蟹工船』、『不在地主』、『党生活者』などが彼の代表的な作品である。

『1928年3月15日』は小林多喜二が1928年7月頃に書いたもので、当時のナップの機関誌『戦旗』の11月と12月号に

残杀小林多喜二的日本法西斯的暴行,激起了日本国内外(正义人士)极大的愤慨。中国的革命作家鲁迅对于小林的被害寄去了悼词,他是这样说的:"日本和中国的民众从来都是兄弟。资产阶级欺骗大众,用他们的血来画开一条界线,并且仍然在画着。然而无产阶级及其先驱者们,却正用血来冲刷着这界线。小林同志之死便是其明证之一。我们知道,我们不会忘却。我们将坚定地沿着小林同志的血路携手前进"。

1934年,也就是小林多喜二遇害的转年,在莫斯科由高尔基主持召开的苏联作家联盟成立大会上,满场拍手高呼对于小林多喜二被虐杀的抗议书。而小林多喜二的代表作品则在中国、(前)苏联、德国、英国等国被翻译出来,带给这些国家(读者)很多感动。

《1928年3月15日》、《蟹工船》、《在外地主》、《为党生活的人》等是他代表性的作品。

《1928年3月15日》是小林多喜二在1928年7月左右完成的,连载于当时"纳普"的机关刊物《战旗》的11

連載された。

　この作品は小樽における「3・15」事件の経験、作者自身の見聞と憤激を基礎として書かれたものである。作中の人物竜吉、鈴木、阪西などは、だいたいにおいて実在の人物をモデルとしたものである。作者はこの創作の動機についてこう書いている。

　「あの時、普選が終わると、直後『3・15』の弾圧がやってきた。…雪に埋もれた人口15万に満たない北の国の小さい街から、200人近くの労働者、学生、組合員が警察にくくり込まれる。この街にとっても、それは又ただ事①ではなかった。

　しかも、警察の中でそれらの同志に加えられている半殖民地的な拷問が、如何に残忍極まるものであるか、その事細かな一つ一つを私は煮えくりかえる憎悪をもって知ることができた。私はその時何かの顕示をうけたように、一つの義務を感じた。この事こそ書かなければならない。書いて、彼らの前にたたきつけ、あらゆる大衆を憤激にかり立てなければならないと思った。」と。

　この作品は発表と同時に大きな反響を

月和12月期上。

　这部作品是以小樽"3・15"事件中作者亲身经历、见闻和激愤为底子写成的。其中的人物龙吉、铃木、阪西等大体以真实人物为原型。关于创作动机作者是这样写的——

　"当时普选刚结束，紧接着就是'3・15'的镇压……人口不满15万的大雪覆盖的北国小城中，有近200名工人、学生、工会会员被警察抓走。对这座小城来说，这又是一件大事。

　还有，在警局里对这些同志所施行的半殖民地式的拷问如何的残忍至极，那一个个细节我是带着翻江倒海般的憎恨得以知道的。我当时就象得到什么昭示一样感到了一种义务。这个事件必须要写出来。写出来摔到（警察）他们面前，要让全体人民都感到愤慨"。

　这部作品一经刊发就引起巨大反

---

①　ただ事：小事，平常事。

呼び、各方面から批評が寄せられた。当時日本共産党における文芸戦線の指導者である蔵原惟人は、雑誌『改造』で次のように書いた。

「『戦旗』11月及び12月号に連載された小林多喜二の小説『1928・3・15』は極めて重大な意義をもっている。これはわが国プロレタリアートにとって最も近い問題——3月15日のいわゆる共産党事件を取扱っている。…この事件を小さいエピソードとしてではなしに、一つの大きい時代的なスケールの中に取扱ったものは、この作品が初めてである。この作品には、…闘士達の種々なタイプとその生活が描かれている。が、それがこれまでしばしばあったように概念的にではなく、また英雄としてではなくして、その種々なる欠点と長所とをもった人間として描かれている——この点に於いてもこの作はこの種の題材を取扱った作品の一つの進展を示している」と。

もちろんこの作品は、発表と同時にそれを掲載した『戦旗』の両号と共に当局によって発売禁止に処された。が、それにしてもたちまち8千部くらい売りつくし、その後『蟹工船』と共に単行本として刊行されたが、これもまた発売禁止の処分を

第二章　大正・昭和時代の文学

响,各方面都寄来了评论。当时日本共产党文艺战线(方面)的领导人藏原惟人在杂志《改造》上这样写道——

"《战旗》11月和12月期上连载的小林多喜二的小说《1928年3月15日》具有极为重大的意义。它涉及了与我国无产阶级最为息息相关的一个问题——所谓的'3·15'共产党事件……将该事件不是作为一个小插曲、而是放在一个大的时代视野中来描写,这部作品是开了先河的。在这部作品里……描写了各类型的斗士和他们的生活,但这不是此前常见的概念式的、英雄式的描写,而是作为身上有种种缺点和优点的普通人来描写的——在这一点上,这部作品显示出了同类题材写作上的一个进步"。

当然,这部作品发表后,刊登它的《战旗》两个期号就全部被当局查处、禁止发售了。但即便如此,它还是很快卖完了大约8千份;其后与《蟹工船》合在一起作为单行本发行,这也受到了禁售的处分;但通过分销网,半年

受けた。しかしその配布網を通じて、半年ばかりの間に1万5千部が売りつくされた。

なおこの作品は、ソビエト同盟、中国、イギリス、ドイツなどでも翻訳されたが、日本では第二次大戦終了まで禁書として発行を禁止されていた。

『蟹工船』は小林多喜二が1929年に書いたもので、この年の5月と6月の『戦旗』に分載された。蟹工船とは、北氷洋の国際漁業戦に巨利を漁る海上に浮んでいる移動罐詰工場である。作品は、そこにおける残虐極まる原始的搾取と囚人的労働の生々しい状態を描いたものである。ここに用いられた題材は、1年あまりにわたって作者とその周囲の労働者、労働組合員の調査によったものである。

この作品で、作者は戦闘する「集団」を描くことを眼目とし、したがってこの作には「主人公」というものがない。つまり労働の「集団」が、主人公になっているわけである。したがって、各個人の性格、心理状態の描写などもここでは見られない。『蟹工船』では、帝国主義侵略戦争に、絶対反対の態度をとっていた。そのために帝国主義の機構、帝国主義戦争の経済的な根源にまで言及したのである。この

左右的时间里还是卖出了1万5千册。

还有,这部作品虽然在(前)苏联、中国、英国、德国等国都做了翻译,但日本在二次大战结束前都把它作为禁书而禁止发行的。

《蟹工船》是小林多喜二于1929年写的作品,分期连载于这一年《战旗》的5月、6月期上。所谓蟹工船是指北冰洋国际渔业战中谋取暴利的漂浮于海上的移动罐头工厂。作品描写了船上极为残酷的原始(野蛮)剥削和(渔工们)囚徒一样工作的真实情景。这里所用的素材来源于作者和他周围的工友、工会会员长达一年多的调查。

在这部作品中,作者着重于描写战斗的"集体",因而其中没有"主人公"这样的人物,也就是说劳动"集体"做了主人公。这样,各单个人物的性格、心理状态的描写等在小说里见不到。《蟹工船》中对帝国主义的侵略战争采取坚决反对的态度,因此作品中讲到了帝国主义机构、帝国主义战争的经济根源(问题)。在这一点上这部作品是划时代的,它当时不仅仅得到

第二章 大正・昭和時代の文学

点においてもこの作は画期的であり、作品は当時ただ左翼的な批評家によってばかりでなく、広く一般の文壇からも認められ、8月の『読売新聞』紙上では、この作が1929年度上半期の最大傑作として多くの文芸家から推賞された。この作品も多くの外国語に翻訳され、日本のプロレタリア文学の代表的作品の1つとして広く世界に読まれた。

『蟹工船』にひきつづいて、農村の小作争議を描いた『不在地主』、工場の争議を扱った『工場細胞』などの力作が書かれた。この間に、作者は、1930年6月の東京で共産党に資金を提供したとかで、検挙され刑務所に収容された。翌年1月に保釈で出獄したが、この時の獄中生活の経験を基礎にして書かれたのが『独房』である。

小林多喜二の後期の代表的作品は『党生活者』である。この作品は、当時の政治事情のためにすぐには発表されず、作者の死後、1933年の4月号と5月号の『中央公論』に『転換時代』という仮題で、きわめて多くの削除と伏字①を伴って掲載された。この作の主題は、1931年秋以来の作

左翼评论家的认同，还广泛得到一般文坛的认同。在 8 月的《读卖新闻》报上，这部作品被很多文艺家称赞为1929 年度上半年最杰出的作品。它还被翻译为多国文字，是广泛被世界各国所阅读的日本无产阶级文学的代表性作品之一。

《蟹工船》之后，多喜二还写了描写农村租佃斗争的《在外地主》和涉及工潮的《工厂支部》等力作。这期间，因他给共产党提供资金等，于 1930 年 6 月在东京被检举并被关押进监狱。转年 1 月保释出狱，他根据这段时期的监狱生活经历完成了《单人牢房》这部作品。

小林多喜二的后期代表作是《为党生活的人》。这部作品因当时政治情势没能立即发表，作者死后的 1933 年用《转换时代》这个临时标题刊登在《中央公论》4 月和 5 月期上，其中有很多删节和隐去的字。这部作品的主题是（描写）作者 1931 年秋以来的党务

---

① 伏字：隐去的字，（当局）避讳的字。

者の党生活、とくに32年4月ごろからの全くの非合法的な党生活の体験である。

（四）宮本百合子

宮本百合子（1899—1951）は、東京小石川原町で生まれた。父は明治初年に米沢藩の家老であった家に生まれ、青年時代に比較的自由で新しい教育を受け、イギリスに留学したことのあるインテリ畑の建築家であった。母はこれもまた名の知れた学者の娘で、文学的な教養と才能とをもっていた。

宮本百合子はこういう経済的にも文化的に恵まれた家庭に育った。彼女は早くから文学的才能を現し、高等女学校に入学した11歳の時から小説を書いたと言われ、このころから日本や外国の文学作品を広く読み、ロシア文学に熱中し、「トルストイが最も自分を捕えた」と言っている。女学校を卒業して日本女子大学英文科に入学した1916年、17歳の時に処女作『貧しき人々の群』を書き、それがその年の9月の『中央公論』に坪内逍遥の推薦で発表され、天才少女の出現と騒がれた。この作品は宮本百合子が幼時からしばしば行っていた福島県下の農村での観察と経験をもとにして書いたものである。この作品は当時日本の文壇ばかりでなく、

生活、特别是1932年4月左右开始的完全非合法下的党务生活经历。

宫本百合子（1899—1951）生于东京小石川原町。其父明治初年生于米泽藩的总管人家，青年时代曾接受了比较自由和新式的教育，是留学过英国的属于知识阶层的建筑师；其母也是知名学者的女儿，具有文学上的修养和才能。

宫本百合子生于这样经济、文化上都很充实的家庭。她很早就展现文学才能，据说11岁刚入高等女子学校读书时就写了小说。从这段时间开始，她广泛阅读日本和外国的文学作品，热衷于俄罗斯文学，曾说"托尔斯泰紧紧抓住了我"。女校毕业后，1916年在她17岁时考入日本女子大学英文系，这年完成了她的处女作《贫穷的人们》，并经坪内逍遥推荐发表在该年9月期的《中央公论》上，一时间传为天才少女的出现。这篇作品是以宫本在幼年常去的福岛县辖下农村所做的观察和经历为基础而写的。它当时不仅在日本文坛、在一般社会上也引起了巨大反响。

一般の社会にも大きな反響を呼び起こした。

『貧しき人々の群』の中で、都会育ちの富者の一少女が、留守居をしていた貧農の子供たちに、「淋しいだろうね、だあれもいないで」と同情したのに対して、「おめえの世話にはならねえぞーッ」と、思いがけない怒罵の声で報いられた。この同情のお返しに対し彼女は考えるところがあった。

「彼の男の子らは、今まで、その両親が誰のために働いているのを見ていたのか」、「彼らの収穫を待ちかねて、何の思いやりも、容赦もなく米の俵を運び去ってしまうのは如何なる人種であるのか?」、「あの何時でもその耳触りの好い声を出して、スベスベした着物を着て、多勢のものにチヤホヤいわれている者どもではないか?」、「彼らはもう、いわゆる親切はたんに親切でないという事を知っている。…私は間違っていたのだ。彼らすべての貧しい人々の群に対して、自分は誤っていた。…私どもと彼らとは、生きるために作られた人間であるという事に何の差があろう?」と。

こういうふうに彼女の思考は進められる。そこに『貧しき人々の群』の人物と出来事とその世界とが彼女をも含めての

《贫穷的人们》中，城市长大的一个富家少女对留守家中的贫农子弟们同情地说"你们都很寂寞吧，一～个大人都不在"，但回给她的却是出乎意料的一句骂声"谁用你管!"。对自己同情心所遭到的这个回击，她是这样思考的——

"那些男孩子此前见过他们父母在为谁劳作的吗?"、"等不及他们的收获，就冷酷地、毫不留情地运走他们米袋的都是什么样的人?"、"难道不是那些经常声音悦耳、穿着光鲜和服的、被很多人奉承着的人吗?"、"这些贫农小孩明白所谓的和蔼可亲并不是那么简单……我错了。对于所有这些穷人，自己都错待了……我和他们都是为了生存而被造就出来的，这一点上能有什么差别呢?"。

她就这样思考着。在这里通过女主人公(与他人)的关系(脉络)探究和展开了《贫穷的人们》那个世界中的人

関係において追求され、展開されていく。

　この作品がトルストイの思想的、芸術的影響のもとに書かれていることは明らかである。地主の孫娘である都会育ちの少女が、貧しい農民の苦しみに同情し、それに近づこうとするが、その同情は貧農の子供たちから、「おめえの世話にはならねえぞーッ」と突き返される。しかし彼女は何とかして自分と彼らとの間の、あの厭わしい溝は早く覆い埋めて美しい花園を栄えさせて見せると決意し、自分の生活の改革が、非常に必要であるのを感じた。そしていろいろな思いに満たされながら、自分の今日までの境遇を顧みたのであると反省する。

　つまり、作者は富者と貧者、地主と小作人との間の矛盾に気づいており、わずかにその矛盾を克服する道を相互の理解と善意によって見出すことができると信じている。

　だが、作者の宮本百合子は、単に抽象的な人道主義の立場に止まってはいなかった。彼女は、作品の中で日本の封建的資本主義的社会の下積みになっていた下層の人民大衆、とくに農民の現実生活に目をむけていたし、その矛盾の性質を追求しようとした。

物和事件。

　这部作品明显是在托尔斯泰的思想、艺术影响下写成的。作为地主孙女的一个城市长大的少女同情贫农的困苦并努力接近他们，但她的同情却被贫农孩子们的一句"谁用你管！"给顶了回来。然而，对于自己与他们之间那道令人生厌的沟壑，她决意要想法早日填平它并让它盛开为一座美丽的花园，她还感到很有必要来改造自己的生活。在这样思绪连篇中，她反省回顾了自己迄今为止的（生活）境遇。

　就是说，作者注意到了富人与穷人、地主与佃农之间的矛盾，并相信通过相互理解和善意能多少找出克服这个矛盾的道路。

　但作者宫本百合子并没有单单停留于抽象的人道主义的立场上，她在作品中关注着日本封建资本主义社会中的底层人民，特别是农民的现实生活，并努力去探索这个矛盾的性质。

第二章　大正・昭和時代の文学

彼女は、この作品において「世の中は不平等である」と言い、「富者と貧者は合する事の出来ない平行線である」と言い、「金持ができる一方では気の毒な貧乏人が出るのは、宇宙の力である」とも言っていた。

また作者は、「私どもは…貧しい者に対して、尊大であるべき何の権利も持たない」と同時に、「彼らの同情者であらねばならない。」と言っていた。そして作品の終わりで、「私の手は空っぽである。何も私は持っていない。このちっぽけ①な、みっともない②私は、ほんとうに途方に暮れ、まごついて、ただどうしたら好いか知らんとつぶやいているほか能がない。けれども、どうぞ憎まないでおくれ。私はきっと今に何か捕える。どんなに小さいものでもお互いに喜ぶことのできるものを見つける。どうぞそれまで待っておくれ。…私の悲しい親友よ！」と農民に訴えている。ここにおいて作者は観念的な思想を克服し、熱意をこめて真理への追求を約束したのである。

『伸子』も宮本百合子の初期の代表作であり、彼女の最初の長篇小説である。こ

她在这部作品中说了"社会是不平等的"，说了"富人与穷人是两条无法相交的平行线"，还说了"产生了有钱人的同时又出了可怜的穷人，这是宇宙的力量"。

还有，作者说"我这样的人……并不享有对穷人骄傲的任何权利"，同时她又说"应该是他们的同情者"。并且在作品最后向农民倾诉——"我两手空空，什么也没有。我这个渺小的、寒碜的人真地不知所措、彷徨迷惘，除了自言自语地喃喃'这可怎么办'之外，没有其他办法。但是，请别恨我，我一定很快就会抓住什么的。我要找到我们大家能够共享快乐的东西，哪怕它是怎样渺小。希望你们等我到那一天……我的令人难过的朋友们！"在这里，作者克服了听天由命的思想，充满激情地保证了她对真理的追求。

《伸子》也是宫本百合子的初期代表作，是她的第一部长篇小说。开始

---

① ちっぽけ：极小。
② みっともない：不像样，难看。

の作ははじめ、作者の25歳から27歳にあたる1924年9月から1926年9月までの2年にわたって、雑誌『改造』に、それぞれ「聴き分けられぬ跫音」「冬眠」など10の題目で10回に分けて分載された。その後1年ぐらいかかって手を加え、1928年にはじめて現在の『伸子』という題名で単行本として出版されたのである。

作者の宮本百合子は、1918年家庭的束縛を脱して広い世間に生きたいという願望をもって、父についてアメリカに渡ったのである。彼女はアメリカで勉強し、恋愛し、結婚した。結婚相手は、長くアメリカで苦学していた15歳年長のペルシャ①文学研究者荒木茂（『伸子』の佃のモデル）であった。

結婚した1919年の暮れに帰国し、やがて彼女の後を追って来た夫と家庭生活に入ったが、この年から足かけ4年がかりは、泥沼時代だった。「小市民的な排他的な両親の家から脱出したつもりで四辺を見まわしたら、自分と対手が落ち込んでいるのは、やっぱりケチ②な、狭い、人間的燃焼の不足な家庭の中だった。檻の野獣のように苦しんだ。対手をも苦しめた。

---

① ペルシャ：波斯。
② ケチ：吝嗇，破旧。

作者宫本百合子于1918年怀着摆脱家庭束缚、想到广阔社会生活的愿望，随父亲去了美国。她在美国学习、恋爱和结婚。结婚对象是长年在美国苦学的长她15岁的波斯文学研究者荒木茂（《伸子》中"佃"的原型）。

结婚当年的1919年末百合子回国，不久就与随后回国的丈夫开始家庭生活，但此后的大约4年左右（她过得）是如泥潭般的日子。百合子在战后自撰的年谱中曾这样写道："带着从小市民般的、自闭一样的父母家逃出的心情环顾四周，发现自己和对方又陷在一个小气、狭隘、人性释放不充分的家庭里了。（自己）就如困于笼中的

第二章　大正・昭和時代の文学

対手は15年アメリカで苦学したあげく、休みたがっていた」と、作者が戦後に書いた自筆年譜にこう書いている。辛い長い苦しみを嘗めたあげく、閉塞的な家庭生活をご破算①にして、彼女は1924年の夏に離婚した。

『伸子』は、主人公伸子のアメリカ渡航から離婚までの7年間の生活を、ほとんど宮本百合子の個人の事実体験に基づいて書いた小説である。そのあらすじは次のようである。

主人公佐々伸子は、「広い深い人間の生活を知りたいのだ、死ぬまでに一つでもよい、よい小説が書きたい」と願う少女だった。20歳になる彼女は、建築家の父に連れられてニューヨークへ来た。その間に、アメリカで古代東洋語を研究している35歳の佃一郎を知り、やがて彼に心をひかれた。「苦行僧」という綽名のある暗い、閉鎖的な佃の性格を、伸子は自分の愛の力によって変えてやろうと考え、周囲の反対を押し切って結婚し、やがて帰国して広い父の家に同居した。

ところが、佃は結婚してからも、陰湿でみじめな振舞いばかり重ねる。二人はう

野兽一样痛苦，也苦了对方。对方在美国已经苦学了15年，他想着的是休息"。在经历了难受、漫长的痛苦后，她决定打破闭塞的家庭生活，就于1924年夏天离婚了。

《伸子》描写了主人公伸子远渡美国到她离婚这7年间的生活，小说基本以宫本百合子的个人真实经历为素材而写的。故事情节是这样的——

主人公佐佐伸子是一个希望"知道广阔深厚人生、有生之年至少写出一部优秀小说"的少女。她20岁时跟建筑师父亲来到了纽约。这个期间里，她认识了在美国研究古东方语的35岁的佃一郎，不久就被他所吸引。佃的绰号叫"苦行僧"，是一个性格阴郁、封闭的人。伸子打算依靠自己爱的力量去改变他，于是不顾周围人的反对和佃结婚了。不久她们俩回国住在了（伸子）父亲宽敞的家中。

然而，佃结婚后仍是不改他那阴冷、寒酸的举止。两人合不来，（为此）

---

① （ご）破算：推倒重来。

まくいかず、伸子は苦しむ。また、伸子に華やかな文壇的功名を夢見ていた母親の多計代は、貧相な佃を嫌い、伸子との間に争いが絶えなかった。結局、伸子たちは、独立して新家庭を持つが、人生に大きな理想を抱いている伸子と、小市民的な自足に安住したがっている佃との結婚生活に、ついに伸子は耐えることができなくなり、その「泥沼」のような生活から、はい出そうとするわけである。

しかし『伸子』は、ただ自伝的な小説だけに止まらなかった。作者はこの小説で当時の日本社会の問題、とくに婦人の解放について、自我に目覚めた婦人が体験しつつあるさまざまの矛盾を取り上げ、そこに家庭の問題、結婚の問題、夫婦生活と仕事の問題などを提起したのである。

なお作者が戦後に発表した自伝的長篇小説『二つの庭』と『道標』は、この『伸子』の続編として書かれたものである。

伸子很痛苦。同时，伸子的母亲多计代一直梦想女儿在文坛上获得璀璨成就，她厌恶佃的寒伧相，与伸子之间争吵不断。最后，伸子夫妇俩搬出娘家另立门户。但伸子对人生报有伟大理想，而佃则愿意安于小市民式的自足生活，这最终让伸子无法再忍受两人的婚姻，(于是)下决心要走出这种"泥潭"一样的生活。

但是《伸子》没有只是停留于自传小说(这个层面)上。关于当时日本社会的问题、特别是妇女的解放，作者就在这部小说中涉及了自我觉醒的妇女经历的种种矛盾，并由此提到了家庭、婚姻、夫妇生活、工作等问题。

需要补充的是，作者战后发表的自传式长篇小说《两个院子》和《路标》，是作为《伸子》的续篇来写的。

第六節　新感覚派の文学

大正から昭和期にかけての日本文壇は、左右両翼に分かれて、相対峙していた。2つの対極は、プロレタリア文学と、芸術派あるいはモダニズムと言われる芸術至上主義を奉ずる文学流派である。プロレタリア文学は、文学の形式よりも内容に重点をおく「革命の文学」であるが、芸術派は文学の内容よりも形式、表現方法に重点をおき、「文学の革命」を標ぼうする。この派の作家たちは、日本語の日常的慣習を破って、異質の言葉を結合させたり、言葉を飛躍させたりする新奇な文体の創出によって人々の感覚を刺激しようとし、あるいは小説技法の革新によって、大正文学の日常的平板さを超えようと苦心している。

この文学流派の背景には、第一次世界大戦後の欧米の文学の影響を見ることができる。この頃、機械文明が急速に発展、普及し、ラジオ、自動車、飛行機などの新しい文明の機械が人々の耳目を奪い、それとともに、人びとの風俗心情もモダン

从大正到昭和时期的日本文坛分为左右两派，相互对峙。两个对极分别是无产阶级文学和被称为"艺术派"或现代主义的奉行艺术至上主义的文学。无产阶级文学是内容要重于形式的"革命文学"，而"艺术派"则标榜"文学革命"，是形式、表现手法要重于内容（的文学流派）。这一派的作家打破了日语的常规，通过糅合一些怪词、运用跳跃式语言创造出一种新奇文体来刺激人们的感觉，或者是通过小说技法的革新来努力超越大正文学的那种普通单调。

从这个文学流派的背景中，可以看出第一次世界大战后欧美文学的影响。当时，机器文明快速发展和普及，收音机、汽车、飞机等新的文明机器引人注目。与此同时，人们的风俗心态也变得摩登化。搭着这股潮流，在文

調となった。その潮流に乗って、文学においてもエロ①、グロ②、ナンセンス③といった特にアメリカに横行する刺激性の強い表現形式の奇抜な文体が追求されるようになった。

広義の意味においての芸術派、あるいはモダニズム文学は、新感覚派、新興芸術派(龍胆寺雄、中村武羅夫、井伏鱒二など)、新社会派(久野豊彦、浅原六郎など)、新心理主義(伊藤整、堀辰雄など)、行動主義(舟橋聖一、小松清など)などの文学を包摂しているが、代表的なのは新感覚派である。

新感覚派のスタートは、1924(大正13)年10月に創刊された同人雑誌『文芸時代』によって切られた。最初のメンバーは、横光利一、川端康成、片岡鉄兵、中河与一、佐佐木茂索、菅忠雄などで、のち岸田国士、稲垣足穂らが加わった。その多くは菊池寛の『文芸春秋』の旧同人である。

新感覚派文学には、特にこれという共通の主張といったものは見られないが、要するに新奇な文体の創出によって、人々の感覚を刺激し、もって「沈滞した文壇の局面を打開」(川端康成)しようとの狙いである。

学上也开始追求起煽情、怪诞、荒谬这类尤其是在美国风行的刺激性强、表达形式奇特的风格。

广义上的艺术派或者说现代主义文学包含新感觉派、新兴艺术派(如龙胆寺雄、中村武罗夫、井伏鳟二等作家)、新社会派(如久野丰彦、浅原六郎等)、新心理主义(如伊藤整、堀辰雄等)、行动主义(如舟桥圣一、小松清等)等文学派别,具有代表性的是新感觉派。

新感觉派开始于1924(大正13)年10月创刊的同人杂志《文艺时代》。最早的成员有横光利一、川端康成、片冈铁兵、中河与一、佐佐木茂索、菅忠雄等人,后来岸田国士、稲垣足穂等也加入进来。其中很多人是菊池寛《文艺春秋》杂志的旧同人。

新感觉派文学中见不到多少共同主张,但总之都依靠创造新奇的文体来刺激人们的感觉,并以此来设法"打开文坛的沉滞局面"(川端康成)。

---

① エロ:色情(的),黄色(的)。
② グロ:奇异,怪诞。
③ ナンセンス:荒谬,废话。

第二章　大正・昭和時代の文学

一、横光利一

横光利一（1898—1947）は、福島県の生まれで、1947（昭和22）年に逝去した。彼は最初自然主義の影響を受けた写実的な小説を書いたが、1923（大正12）年頃から新感覚的手法で『日輪』、『蠅』などを発表してから、川端康成とともに新感覚派の代表的新進作家となった。

『日輪』は、古代不弥国の姫卑弥呼が地上の王たちの日輪になろうとする復讐物語である。物語のなかで愛欲に絡まる人間の闘争の姿をきらびやかに描いている。その表現法は奇抜な新感覚的効果を狙っている。例えば「彼は小石を拾うと森の中へ投げ込んだ。森は数枚の柏の葉から月光を払い落して呟いた」あたりは、はなはだ大胆な擬人法的描写手法である。

また、『頭ならびに腹』では、「群衆はその新しい列車の中へ殺到した。満載された人の頭が太った腹を包んで発車した。…乗客の頭はただ一つ鉢巻の頭であった。しかし、急行列車は烏合の乗合馬車のように停車していることはできなかった。車掌の笛は鳴り響いた。列車は目的地へ向って空虚のまま全速力で馳け出し

横光利一（1898—1947）生于福岛县，1947（昭和22）年去世。他最初写了一些受自然主义影响的写实性小说，1923（大正12）年左右开始以新感觉式的手法（写作）发表了《日轮》、《苍蝇》等作品之后，与川端康成一起成为新感觉派代表性的新锐作家。

《日轮》讲的是古代不弥国公主卑弥呼要做地上诸王的太阳这么一个复仇故事。故事中华丽地描写了卷入情欲之中的人间争斗情景，其表现手法着重于新感觉一般的奇特效果。比如文中的"他拾起一块小石头，扔进了森林。森林把月光从几片柏树叶上抖落下来，喃喃自语着"这一段，就是颇为大胆的拟人化的描写手法。

还有，在《头与腹》中，"人群涌到那列新列车中，（在）满载着的人头包裹着胖肚子下车开了……乘客的头仅仅是一个缠头带的头。但是快速列车却不能如乌合的公共马车一样停着。乘务员的哨子响了，列车在空虚的状态下向着目的地全速驶出"——这部分的表现因过于奇异、过于渲染艺术

た。」あたりの表現は、奇抜にすぎ、芸術的効果を狙いすぎて、かえってはっきりしたイメージを結ばぬ独りよがりの主観的表現になる嫌いがある。

『紋章①』は、横光が人間主義の立場に立って書いた長篇小説である。この小説の主人公雁金八郎は、代々勤王として知られる名門の家に生まれ、バナナ酒や魚醤油などの発明に取り組む天才肌の発明家である。醸造学の権威山下清一郎の息子久久は、かつて雁金と婚約があった敦子を妻にしていて、大学の法科を出ていながら職も持たずにいた。雁金と知り、多多羅謙吉を所長とする物産研究所でいわし醤油の醸造に成功する雁金の強い行動性にひかれ、保険会社に勤めるようになった。

しかし、雁金の新しい発明は、同じ研究に失敗した山下博士の権威を傷つけることになり、特許を連名するように望んで雁金に拒絶された多多羅も雁金の敵にまわることになる。雁金の特許申請に対して、この2人からそれを盗用とする異議申し立てが行われる。特許局に多多羅の友人であり同時に山下博士の門下生の審査

効果,反而出现了一个问题:就是它割裂了（对场面的那种）清晰的想象,（完全）变成了一种自我陶醉的主观表现。

《家徽》是横光站在人道主义立场上写的一部长篇小说。这部小说的主人公雁金八郎生于因代代勤王而闻名的名门之家,致力于香蕉酒、鱼酱油等的发明,是一个天才般的发明家。酿造学的权威山下清一郎的儿子久内娶了雁金曾经的未婚妻敦子为妻,他毕业于大学法律系却不去工作。他认识了雁金,受到雁金在多多罗谦吉任所长的物产研究所成功酿造出沙丁鱼酱油这股执著工作劲头的感染,就去一家保险公司上班了。

然而雁金的新发明伤到了失败于同一研究的山下博士的权威,他和希望与雁金联名（申请）专利却被拒绝的多多罗一同成为雁金的死敌。对雁金的专利申请,他们两人提出异议,说该专利是盗用的。专利局有很多审查员是多多罗的朋友,同时还有山下博士的门生,雁金要颠覆（他们）这个异议

---

① 紋章:徽章,家徽。

第二章　大正・昭和時代の文学

官が多数いる以上、異議申し立てを破ろうとする雁金の奮闘が無効になる危険性を持っている。しかし、雁金はそれに屈しない。一個人でもって学閥を転覆させようとする。久内はそれを見ていて、父のとった行動を深く恥じ、雁金の態度にいっそう感動する。結局、最後には松葉酒の発明で雁金が勝ち、特許をとり、それを物産研究所のある街の漁師たちに開放してしまい、雁金はさらに次の発明に手をつけようとする。

　この小説の主人公雁金八郎は、いつも貧乏をしているが、優れた発明家で、強い精神力の持ち主として登場している。どんな苦境に立っても屈せず、窮状をたたき破って打ち勝っていく人物である。作者はこの長篇に「紋章」という題名をつけ、雁金を父祖以来の「勤王」家の出身とし、「日本精神というものの実物」として描いている。それに対して、山下久内は、自意識過剰の典型的なインテリとして登場する。久内は、雁金のような行動力をまったくもっていない人物である。作者は小説のはじめに「今ほどヨーロッパ精神が日本精神を軽蔑している時代はないであろう」と書いているが、ここに対照的な2人の人物を設定して、西洋と東洋とい

申请的战斗就有可能会白费劲。但雁金没有屈服，打算凭一己之力来掀翻学阀。久内看到这些，深为父亲所采取的行动感到羞耻，也更加感动于雁金的（坚毅）态度。最终，雁金因松叶酒的发明获胜并拿到了专利，同时将其公开给了物产研究所所在地的渔夫们，而雁金则开始着手下一个发明。

　这部小说的主人公雁金八郎始终贫困，但却是一个优秀的发明家，是作为一个拥有坚强意志力的人出场的。不管身处何种苦境都不屈服，是一个（勇于）打破窘状并战而胜之的人物。作者将这部长篇小说取名"家徽"，是将雁金作为出身于祖上代代"勤王"之家的人以及"日本精神的代言人"来描写的。与此相对，山下久内则是作为典型的自我感觉超好的知识分子出场的，是一个完全缺乏雁金那种行动力的人。作者在小说开头写了"现今或许是欧洲精神最为蔑视日本精神的时代吧"，但这里设定了两个相对照的人物，当然是影射了西方和东方这个问题。

う問題を絡ませたわけである。

恋愛心理劇を巧みに絡ませたり、雁金が学閥と官僚機構の巨大な壁に向かって一人で立ち向かっていくところなど、横光のすぐれた資質が生かされているが、肝心の雁金と久内とが交わらないまま終わってしまったため、作者の日本的なものへの傾斜がひときわ目立つものになっている。

要するに、横光、即ちこの派の作風は、大胆不敵な技巧と新奇な文体を作り出すことに苦心し、もって『文芸時代』の発足に寄与しようと試みたのである。

横光利一のその他の代表作に、『静かなる羅列』、『ナポレオンと田虫』、『春は馬車に乗って』などの短篇と、『上海』、『旅愁』（未完成）などの長編がある。

在巧妙地插入恋爱心理剧、雁金独自冲击学阀和官僚机构这两个巨大壁垒等地方（的描写）上，都发挥出了横光耀眼的天资，但（小说在）雁金与久内这两个重要人物没有交流（碰撞）的情况下结束，从而使作者对日本那一套东西的偏向性显得更为突出了。

总之，横光也即这一派的创作风格都力求创出大胆不羁的技巧和奇特文体，并尝试以此来为《文艺时代》的创刊做贡献。

横光利一的其他代表作有《静静的罗列》、《拿破仑与顽癣》、《春天乘着马车来》等短篇，还有《上海》、《旅愁》（未写完）等长篇。

二、川端康成

川端康成（1899—1972）は、大阪市に生まれ、1972（昭和47）年4月16日自らの命を絶った作家である。彼は幼くして父母を失う。この孤独な体験を根底に、日本の古典の伝統的な美しさや人生の哀歓を追求して、独自の叙情美を作り出した。

川端は、中学生時代から読書が好きで、第一高等学校を経て、1920（大正9）年東京

川端康成（1899—1972）生于大阪市，1972（昭和47）年4月16日结束了自己的生命。他幼时就父母双亡，基于这份孤独的经历，他探究日本传统、古典的美以及人生的悲欢，创造出了独有的抒情美。

川端中学时代开始就爱好读书，第一高中毕业后于1920（大正9）年考

第二章　大正・昭和時代の文学

大学英文科に入学、翌年国文学科に転じた。抱きつづけた作家志願が、ここに不動のものとなった。1924年10月横光利一と手を組み、中河与一、片岡鉄兵らとともに『文芸時代』を創刊し、新感覚派文学運動の出立となった。彼は1968年に『雪国』で日本人として最初のノーベル文学賞を受けた人である。『伊豆の踊子』、『禽獣』、『千羽鶴』、『古都』、『山の音』、『名人』、『眠れる美女』など多くの名作を残している。

叙情的、牧歌的な文章を書くのが川端康成の得意とするところで、彼の作品に流れる心情のわびしさと一種の淡い美しさが川端文学の底流をなすものである。出世作は『招魂祭一景』で、曲馬団の一少女を主人公とし、生命の哀しさを絵画的、叙情的に描き出した。川端が好んで描いた旅芸人の踊り子や街の女などの系列の最初の作品である。

川端の最初の小説は、掌編小説①あるいは掌の小説と呼ばれる短篇が多い。これらは処女短篇集『感情装飾』に収められた。「空を仰ぐと満月だ。月が明るいので月が空にたった一人だ。彼は両手を

入东京大学英文系，第2年转到国文系。一直抱着的当作家这个志向在这里得到实现。1924年10月与横光利一、中河与一、片冈铁兵等一起创立《文艺时代》，(自此)新感觉派文学运动扬帆启航。他1968年凭《雪国》获得了日本人第一个诺贝尔文学奖。留下了《伊豆的舞女》、《禽兽》、《千只鹤》、《古都》、《山之音》、《名人》、《睡美人》等许多名著。

书写抒情性、牧歌式的文章是川端康成的得意之处，他的作品中流露的孤独情绪和一种淡淡的美构成了川端文学的底色。他的成名作是《招魂节一景》，以一位马戏团的少女为主人公，诗情画意般地写出了生命的哀婉。这是川端多写走街卖艺的舞女、站街女等系列作品中最初的一部。

川端最初的小说有很多是被称为"掌编小说"或者"掌心小说"这类超短篇的小小说。这些都被收录在他的处女短篇集《感情装饰》中。其中的一篇《月儿》末尾一节是这样写的："仰头望

---

① 掌編小説：微型小说。

月に伸ばした。『ああ！月よ！お前にこの感情を上げよう』」というのがその中の『月』の末尾の一くだりである。いかにも新感覚らしい叙情詩である。

　彼の初期の代表作は『伊豆の踊子』である。著者の伊豆旅行に基づく抒情的な青春の文学である。その内容は、20歳の高校生である「私」は、わびしい憂うつに耐えられなくなって、一人伊豆の旅に出たものである。そして、家族連れの旅芸人の一行と出会った。「私」は一行のうちの一番年若い踊り子に心をひかれる。そして、「物乞い①旅芸人村に入るべからず」という立て札の前を、目を伏せて通る旅芸人たちに哀れを覚え、その一行とともに下田までの旅を続ける。

　その「私」の心情に一つの転回が生じたのは、踊り子たちと知り合った翌朝の、湯ケ野温泉においてであった。湯殿②に下りた「私」を見つけた踊り子が、共同湯から飛び出して「私」を迎えたのである。この場面について、作中では、「仄暗い湯殿の奥から、突然裸の女が走り出して…両手をいっぱいに伸して何か叫んでいる。

①　物乞い：乞讨,要饭。
②　湯殿：浴池,浴室。

天,但见一轮圆月。月儿明亮,空中唯见(月儿她)一个。他向月儿伸出双手,'啊！月儿呀！我把这份情献给你！'"——确实犹如一首新感觉般的抒情诗。

　　他的初期代表作《伊豆的舞女》是根据作者伊豆旅行的经历而写的青春抒情文学(作品)。它的内容是这样的：一名20岁的高中生"我"因不堪忍受孤寂忧郁,就独自一人去伊豆旅行。路上遇到了走街卖艺的一家人。"我"被他们之中年纪最小的舞女所吸引,还对这些低头通过"乞丐与卖艺人不得进村"布告牌前的艺人充满怜悯,并一直与他们结伴旅行到下田。

　　让"我"心情回转的是认识舞女她们的转天早晨,在汤野温泉那儿。舞女见到"我"下到温泉池中,就从公共池中跳出来接"我"。关于这个场面,小说中这样描写到："微暗的池子深处突然跑出来了一个裸体的女子……使劲伸展着双臂在喊着什么。她赤裸着身体,连块手巾也没有遮。是那个舞

手拭もない真裸だ。それが踊り子だった。若桐のように足のよく伸びた白い裸身を眺めて、私は心に清水を感じ、ほうっと深い息を吐いてから、ことこと笑った。子供なんだ。…私は朗らかな喜びでことことと笑い続けた。頭が拭われたように澄んで来た。微笑がいつまでもとまらなかった。」というように描写している。

旅情と道づれの旅芸人に対する同情心と淡い恋慕の情に絡み合う人間愛の情緒が叙情的に描き出されている。

『雪国』は、1935年1月から1937年5月まで、『文芸春秋』『中央公論』そのほかの雑誌に、1章ずつ独立した短篇の形で断続的に発表され、1937年6月、新稿を加えて創元社から出版された。戦後、川端が『雪国抄』、『続雪国抄』を執筆し、1948年12月には完結版『雪国』が同社から刊行されている。

『雪国』の主人公島村は、無為徒食を自認する西洋舞踊の評論家である。彼は、上越のある温泉場で、芸者駒子とめぐり逢う。その駒子は許婚者の病気のために身を売ったのであるが、島村との出会

第二章 大正・昭和時代の文学

女。我眺望着她双腿如小桐树一样笔直的、雪白的身体，心里就犹如清泉淌过一样。于是深深吐了一口气，嗤嗤地笑了。还是个孩子呀……我满心舒畅地嗤嗤笑个不停。头脑象被洗过似地澄净起来，笑也久久挥之不去"。

旅情、对艺人旅伴的同情心和淡淡的恋情交织在一起的一种人间爱的情愫，（都在作品里）如抒情诗一般地给描写出来了。

《雪国》于1935年1月到1937年5月之间，在《文艺春秋》、《中央公论》及其他杂志上，以分章独立的短篇（小说）形式断断续续刊登出来。1937年6月补充进新内容后由创元社出版。战后，川端还写了《雪国抄》、《续雪国抄》，并于1948年12月由同一出版社出版发行了完整版的《雪国》。

《雪国》的主人公岛村是一个自认为游手好闲的西洋舞蹈评论家。他在上越的一个温泉场邂逅了艺妓驹子。这个驹子虽是为给未婚夫治病才卖的身，但遇到岛村后却对他一片倾心。

いでひたむき①な愛を寄せるようになる。一方駒子の許婚者に心を寄せ、献身的に尽くす葉子は「悲しいほど美しい声」をした乙女②である。そういう駒子と葉子のひたむきな愛を、人生に徒労感を抱く島村の目を通して描いた作品で、温泉場の自然の美しさと相まって愛の美しさとはかな③さを訴えている。

純粋なものや、一途なもの、燃え上がるものの持つ美しさに魅せられ、引き寄せられながら、一緒になって燃えあがれない人間の虚しい悲しみが、同時に小説に漂っている。『雪国』には何度も「徒労」という言葉が出ている。「徒労」とは、現実性も功利性ももっていないということである。一切の功利性を拒否したところで、作者は純粋な生命の美しさを捉えることに成功したわけである。

この小説は、詩的文体で夢想の世界が繰り広げられ、一つ一つの場面の美しさと、その全体を貫く清冽な雰囲気が重要なので、原文そのもので味わってもらわなければ、どうにもならない作品である。小説冒頭の一節はあまりに有名すぎる部

而叶子则心仪驹子的未婚夫,并忘我地照料他,是一个有着"凄美声音"的年轻姑娘。对于驹子和叶子痴迷的爱,这部作品通过感觉人生徒劳无奈的岛村的观察来描写,并诉说了温泉场美丽自然映衬下爱情的美丽与虚无。

纯粹、执著、激情的东西所蕴涵的美,虽然为它们所着迷、所吸引,但却不能与之一起燃烧,这样一种人生的虚幻悲情同时弥漫在这部小说中。《雪国》里出现过好多次"徒劳"这个词。所谓"徒劳"就是不带有现实性和功利性这个意思。拒绝了一切功利性之后,作者才成功捕捉到一种纯粹的生命美。

这部小说用诗一样的文体勾勒出一个梦幻世界,一个一个美妙的场景以及贯穿整个其中的清冽的气氛都非常关键,所以它是一部只能通过原文阅读才可品出味道的作品。小说开篇那一节是相当有名的部分,作为全篇

---

① ひたむき:一心一意,埋头。
② 乙女:少女。
③ はかない:无常的,虚幻的。

分であるが、全篇の序曲としてたいへん効果的である。トンネルを抜け出ると、読者は川端康成の作った非現実の世界に連れ込まれる。作中の人物も事件も、すべてが「この世ならぬ象徴の世界」として映し出される。

美しい自然を背景に、駒子、葉子のひたむきな姿が鮮やかに描かれているので、『雪国』は発表中から非常に好評だった。戦争の前夜、暴力が支配しはじめた時代に、そうした現実に厳しく対立する独自な世界を作って示し、その濁りのなさが人々の心を捉えたのである。

的序曲发挥了极好的效果。出了隧道，读者就被带进一个由川端所营造的虚幻世界里。作品中的人物和事件全都作为一个"今世所没有的象征世界"而映现出来。

在美丽的自然背景下，驹子、叶子她们执著的身影得到鲜明的描写，所以《雪国》在刊载期间就极受好评。在一个战争前夜，暴力开始笼罩的年代里，它创造和显示出与这个现实严格对立的自我世界，那股清新抓住了人们的心田。

第七節　他の作家と作品

一、井上靖

井上靖（1907—1991）は、北海道上川郡に生まれた。当時彼の父は第7師團軍医部勤務、陸軍2等軍医であったが、特に祖父潔は初代軍医総監松本順の門下で、地方医家としては当時傑出した存在であ

井上靖（1907—1991）生于北海道上川郡。他父亲当时在第7师团军医部工作，是陆军2等军医；特别一提的是他的祖父洁，因是第一代军医总监松本顺的门生，作为地方医师在当时

った。彼は、1910年に両親のもとを離れ、伊豆湯が島で祖母と暮らし始める。金沢の第4高等学校を経て、京都大学に入学し卒業する。1949年42歳のときに『猟銃』、『闘牛』で文壇に登場した。作品の題材は、『氷壁』などの現代小説、『風林火山』などの歴史小説、『しろばんば』などの自伝小説、『敦煌』など中国西域を舞台にしたものと幅広い。

『天平の甍』を書く前に、井上靖は歴史小説としては、『異域の人』、『僧行賀の涙』とを書いている。『異域の人』は西域小説である点で、後の『楼蘭』、『敦煌』、『洪水』、『蒼き狼』などに先駆するが、それとともに、『天平の甍』の発想にも影を落としている。

『天平の甍』は、1957年12月、中央公論社より刊行し、1958年2月に井上靖はこの小説で芸術選奨文部大臣賞を受賞した。

『天平の甍』は、名僧鑑真の来朝という、日本古代文化史上の大きな事実の裏に踊った、5人の天平留学僧の運命を描き出したものである。

5人のうち、戒融は「この国には何かがある。この広い国を経廻っているうちにその何かを見つけ出すだろう」と考えて、

是个杰出人物。井上1910年离开父母身旁,开始和在伊豆汤岛的祖母共同生活。金泽第四高中学习后考入并毕业于京都大学,在1949年他42岁时凭《猎枪》和《斗牛》登上文坛。作品的题材广泛,有《冰壁》等现代小说,有《风林火山》等历史小说,有《雪虫》等自传体小说,还有《敦煌》等以中国西域为舞台的小说。

在写作《天平之甍》前,井上靖已写了《异域之人》、《行贺和尚的眼泪》等历史小说。《异域之人》在西域小说这一点上,虽然早于后来的《楼兰》、《敦煌》、《洪水》、《灰狼》等作品,但与这些作品一样都对《天平之甍》的构想产生影响。

1957年12月《天平之甍》由中央公论社出版,1958年2月井上靖凭这部小说获得(日本)艺术推荐奖和文部大臣奖。

《天平之甍》描写了名僧鉴真东渡日本这个日本古代文化史上重大史实背后5位天平(时期)留学僧的跌宕命运。

5人中戒融认为"这个国家有一些什么东西,云游在这个广大的国家中或许会找到它们的",于是就出走做

第二章　大正・昭和時代の文学

出奔して托鉢僧となり、その終るところを知らなかった。最後に作者は、史料によって、彼が渤海国を経て帰って来たかもしれないことを暗示する。

　玄朗は、唐土に着く前から弱音を吐いていた意志薄弱の僧である。そして、あちらへ着くやいなや、「日本へ帰りたい…日本でなければ、日本人は…生きることはできない」と言っている。だが運命は彼にとって皮肉にも、還俗して唐の女と結婚し、子供を得、唐土に落ち着くという結果になった。

　業行は、「自分で勉強しようと思って何年か潰してしまったのが失敗でした…自分がいくら勉強しても、たいしたことはないと早く分かればよかった」と言う。そしてだれにも会わず、一室に籠って、たくさんの経文の書写をやり、それを日本へ運ぶという、より確実な方法を選ぶ。知識の運搬車として自分を限定することで、自分の歴史的使命を果たそうとする。

　行動人である栄叡も、その結論においては、業行と同じところに落ち着いている。即ち、自分の知識の完成を断念して、日本に初めての戒師として、高僧鑑真を招くという自分に課せられた仕事を仕遂げることで、その歴史的使命を果たそうと

了化缘僧人，最后不知所终。作者在小说末尾暗示史料所载他或许是经渤海国归国了。

　玄朗是个没到唐朝前就露怯的意志薄弱的僧人，于是一到目的地，他就说："想回日本……不是在日本的话，日本人……是活不下去的"。但命运对他颇具讽刺的是，他还俗与唐朝女子结婚生了孩子，最后却在唐朝安顿下来了。

　业行说"自己花了好几年学习就是个败笔……自己无论怎样用功也学不成什么，能早早明白这点就好了"。于是他就选择了一个更为切实（可行）的方法：闭门谢客，待在屋中誊写大量经文，再将它们运回日本。他打算把自己定位为知识搬运工来完成自己的历史使命。

　行动派的荣叡最后也和业行落实到一处，就是抛弃自己要学业有成这个念头，通过完成自我布置的任务——邀请高僧鉴真到日本做首位授戒法师来尽自己的历史使命。但是荣叡在准备护送鉴真赴日最困难的时候

する。だが、栄叡が鑑真を日本へ送ろうとする困難の最中に病死した。業行も、帰りの航海で、自分が数十年の間に写した夥しい経文とともに、海底に沈んでしまう。

　5人の中で、ただ1人普照だけが幾多の困難に打ち勝って、鑑真を伴って故国に帰ったわけである。

　井上靖は、歴史を書くような冷静さで、遠景に小さく、蟻のような彼らの姿を捕えた。何かの爪跡を残して、すべては流れ去るといった感慨が、あとに残るのである。

病死了,业行也在返航中与自己数十年间抄写的大量经文一道沉入海底。

　　5人当中,惟有普照1人战胜种种困难,陪伴鉴真返回故国。

　　井上靖犹如写历史一样,冷峻地从远景中来捕捉小如蚂蚁的这5个僧人的身影,其后萦绕的是除了留下几个爪印一切都流逝而去这样一种感慨。

二、中島敦

　中島敦(1909—1942)は、東京都四谷に生まれた。父は中学校の漢文の先生であった。一高を経て東京大学国文科を卒業して、24歳で私立横浜高女の教諭になり、以後8年間国語と英語を教えた。持病で退職、1941年南洋庁国語教科書編集書記として南洋のパラオに赴任したが、1942年3月帰国し、喘息の発作がひどく、南洋庁の教育政策にも失望してそのまま帰任せず、8月辞表を提出した。この年、闘病生活を送りながら、3年ほど前から

　　中岛敦(1909—1942)生于东京都四谷(区)。他的父亲是中学汉学老师。第一高中学习后(考入并)毕业于东京大学国文系。24岁成为私立横滨高等女校的教师,之后教了8年国文和英文。因宿疾退职后,于1941年作为南洋厅国语教材编辑文书赴南洋帕劳岛任职。1942年3月回国,因哮喘病严重发作以及失望于南洋厅的教育政策,没有返职就在8月提交辞职信。这一年他在与病魔抗争的同时发

第二章　大正・昭和時代の文学

執筆していた『古譚』(『山月記』と『文字禍』)、『光と風と夢』、『悟浄出世』などを発表した。この年の10月、『李陵』を書き上げたが、そのころから心臓の衰弱がひどくなり、12月死去した。33歳であった。

中島は、登山、草花づくり、音楽などにも親しみ、中国へも旅行している。代表作には『山月記』、『李陵』などがある。彼は、漢学者家系に生まれて幼時から漢学の深い素養を培われ、作品も、中国の伝説を題材としたものである。『山月記』も中国唐代の伝奇小説『人虎伝』に題材をとっている。

『山月記』の主人公李徴は、自尊心が強く、平凡な他人たちの中には交わって、妥協することが苦手で、集団の中では忍耐と連帯感が求められるがそれが薄く、家族さえ冷たくなる性分である。その上、高慢で人の干渉を嫌う。そのため多くの友人も離れていく。そして詩人として名を残そうとして、役人をやめたが、希望の名があがらず、不満を募らせたすえに、ある日精神に障害をきたして、消息を絶った。

一年後のある日、彼の旧友袁傪は旅の途中で虎となった李徴と邂逅する。李徴は一日のうちに数時間だけ人間の心が戻

表了大约3年前开始执笔的《古谭》(《山月记》和《文字祸》)、《光与风与梦》、《悟净出世》等作品。这一年10月在完成《李陵》后心脏衰弱开始加重，于12月他33岁时去世。

中岛喜欢登山、种植花草、音乐等，也去中国旅行过。代表作有《山月记》、《李陵》等。他因生于汉学世家，所以自幼就培养出深厚的汉学素养，作品也是以中国的传说为题材。《山月记》就是取材于中国唐代的传奇小说《人虎传》。

《山月记》的主人公李征自尊心强，置身于其他凡庸之辈中却不善妥协；在一个集体中要求忍耐和协同感，他却生性淡薄于此，甚至连家人都疏远。而傲气又使他讨厌别人干涉，为此很多朋友都离他而去。还有，他为了要留下一个诗名连官都辞了，但所希望的声名却未能远播，这使他快快不乐。终有一日，他精神错乱，最后没了音信。

1年后的某一天，他的故友袁傪在旅途中邂逅了变成老虎的李征。李征告诉他一天只有几个小时会恢复人

ると告白した。李徴は、詩を口述するのでそれを世に伝えてくれないかと友人に頼んだ。友人は30編あまりの詩を筆記した。なるほど、格調があって、一読して作者の非凡を思わせる作品であった。しかし、友人は、李徴の素質が一流であることには疑いがないが、李徴の作品が一流の作品になるには何かが足りないと感じた。

　口述を終えた李徴は、自分の運命は当然の報いだと告白する。人間だったころに尊大だったのは、実は、臆病と羞恥心の表れであったことを告げる。才能の無さに気づくことが恐くてあえて苦学しなかったし、反面では、自分の才能を過信するあまりに人と交わることもしなかったと白状する①。李徴は、人間は誰でも猛獣使いで、猛獣にあたるものはそれぞれの性格であり、自分の場合は臆病で尊大な羞恥心が猛獣であり、虎であったと言った。李徴は、この姿に成り果ててようやく分かったと友人に告げる。世には、才能の面では自分よりも劣るが、それを絶え間なく磨いたために、堂々たる詩家となった者がたくさんいると告げる。虎に

性。李征嘱托这个老友将他口述的诗传出去。友人记下了30多篇诗，它们确实有格调，一读就让人觉得作者才华非凡，但友人觉得李征的潜质无疑是一流的，但他的诗作距离一流（水准）还缺欠了一些什么。

　李征口述完后，坦承自己的命运理当如此。他说自己还是人的时候那种妄自尊大实则是胆怯和羞耻心的表现；也坦白说因害怕发现自己才疏就不去苦学，反过来却又因过于相信自己的才气而不去与人交往。李征说人无论是谁都是驯兽师，相当于猛兽的是各人的性格；至于自己，胆怯和自以为是的那种羞耻心是猛兽、是老虎。李征告诉友人自己成了这个样子才总算明白了。社会上有很多人，论才能要逊于自己，但因为他们不断磨练，成了堂堂诗人。自己现在变成了老虎才意识到这一点，但为时已晚，唯有难受郁闷。

---

① 白状する：坦白，承认。

成った今になってようやくにそのことに気がついたことが、どうしようもなくやりきれないと悶えた①。

　この物語は、己を省み、なお執着を捨てきれぬ人間の悲哀を描き出し、李徴の孤独・絶望・利己心の性格をえぐり出している。

　この小説は短文であるが、人生いかに生きるべきかも答えている。名文なので、数か国で紹介され、日本の高校教科書にも載っている。

　『李陵』は、1943年7月『文学界』に発表されたが、作者はすでに前年の12月に死んでいた。『李陵』の原稿は未定稿の遺稿で、題名もなかったのを、深田久弥が題を付して発表したものである。

　この小説には3人の主要人物がいる。李陵、司馬遷のほかのもう1人が蘇武である。李陵は、寡兵を率いて20倍する匈奴の大軍との戦いに敗れ、失神し②たまま捕虜となった。このことが伝えられると、漢の武帝は赫怒し、君側の佞臣もこぞって③李陵を「売国奴」と誹謗したが、ただ『史記』の編纂にあたっていた太史令の司

这篇故事写出了能反躬自省却抛不掉个人追求的那些人的悲哀，挖掘出了李征孤独、绝望、利己的性格（特点）。

这部小说虽然是个短篇，但回答了人生应当如何生存（的问题）。因为是一部名篇，在好几个国家都有介绍，也收入进日本的高中教材。

《李陵》虽发表于1943年7月的《文学界》，但作者已于前一年的12月去世。《李陵》的原稿是未定稿的遗作，没有小说名，是深田久弥加上书名后发表的。

这部小说有3个主要人物：李陵、司马迁外，还有1个是苏武。李陵率少数部队与20倍于己的匈奴大军作战，战败昏迷后成了俘虏。听到这件事后，汉武帝勃然大怒，君王旁的佞臣们群起诽谤李陵为"卖国贼"，只有正编写《史记》的太史令司马迁慷慨陈词为李陵辩护，司马迁为此被处宫刑。

---

①　悶える：郁闷，折腾。
②　失神する：昏厥，失神。
③　こぞって：一致，全部。

馬遷だけが堂々と正論を吐いて李を弁護した。そのため、司馬遷が宮刑に処せられた。李陵の一族も皆殺しにされた。これを聞いた李陵は、悲しみ怒り、匈奴に帰化した。

一方、李陵より先に捕虜となりながら、どうしても降伏せず、北海の辺地に流され、一人牧羊生活をしている蘇武がいる。ある日、李陵は、蘇武の降伏をすすめようとして、20年来の旧友蘇武を尋ねるが、粗末なあばら屋①で飢えと戦いながら、なお節を曲げない蘇武に会って、李陵は勧告を口にせず帰ってくる。

やがて漢の武帝が没し、漢と匈奴の友好関係が結ばれ、李陵は漢の使節に迎えられるが、漢に帰らない。その5年後、蘇武が漢に呼び戻され、19年ぶりに帰国する時、李陵は宴を張って友を送る。李陵は胡地にとどまって生涯を終える。司馬遷は稿を起こしてから14年、宮刑の辱めにあってから8年の刻苦のすえに、『史記』130巻を完成したあと、虚脱状態になってやがて死ぬ。

作者は、漢の武帝の匈奴経略という史実に基づいて、スケールの大きな歴史小

李陵一家也都被杀了。李陵听说此事悲愤（不已），就归顺了匈奴。

而另一个人物苏武虽先于李陵被俘，但誓不投降，就被流放于北海边陲，独自过着牧羊生活。一天，李陵找到20年来的老友苏武想劝降他，但见到住在陋室中食不果腹却不变节的苏武，李陵没有劝降就回去了。

不久汉武帝归天，汉与匈奴和好。汉使节要接返李陵，但被他回绝。其后过了5年，苏武被召返汉朝；李陵设宴送别19年后才得以回国的好友。李陵则呆在胡地而终。司马迁起稿后14年、受宫刑之辱后的8年刻苦（著书），终于完成130卷的《史记》，其后身体极度虚脱，不久便与世长辞。

作者根据汉武帝征伐匈奴这一段史实，写出了（这部）气势不凡的历史

---

① あばら屋：破房子，陋舍。

第二章　大正・昭和時代の文学

説を繰り広げる。そして、李陵、司馬遷、蘇武3人それぞれの孤独な、厳しい生き方が、格調の高い、無駄のない文章でたいへん見事に捉えられていて、胸に強く迫ってくるものがある。

　中島敦は厭世家ではない。人生を肯定的に捉えている。李徴は虎になっても死を考えず、李陵、司馬遷、蘇武も死を考えなかった。死を考えないくらい苦しむ、これも人生だと中島は言っているようである。

　中島敦の短篇のいいものについて、中村光夫は、芥川龍之介の短篇と比べても見劣りがしないばかりか、むしろすぐれている作品がある、とまで言っている。

小说。对李陵、司马迁、苏武3人各自孤独、严苛的生存方式，通过高格调、流畅的文章非常精准地描写出来，给人以一种震撼。

　中岛敦不是一个厌世者，他对人生抱着肯定的态度。李征变成了老虎也不去想死，李陵、司马迁、苏武也没有想到死。中岛好象在说：苦到想不起死，这也是一种人生。

　对于中岛敦的短篇精品，中村光夫甚至说过：比之芥川龙之介的短篇小说也毫不逊色，而且有些作品还要胜上一筹。

三、太宰治

　太宰治（1909—1948）は青森県北津軽郡に生まれた。弘前高等学校を経て1930年東京大学仏文科に入学した。彼は中学時代から作家を志し、20代後半の初期作品では、社会の脱落者としての屈折した思いや、生きることへの苦悩をつづった。1939年の結婚前後からは精神的にも安定し、『走れメロス』、『富嶽百景』など人間の存在を明るく捉えた作品を書いた。戦後は、当時の自由思想に反発して再び破滅

　太宰治（1909—1948）生于青森县北津轻郡。在弘前高中学习后于1930年考入东京大学法文系。他中学时期开始就有志于当作家，近30岁前的初期作品记录了社会落伍者的曲折思想以及生的苦恼。1939年结婚前后开始精神上安定下来，写了《跑吧，梅洛斯》、《富岳百景》等积极把握人生存在（意义）的作品。战后他不满当时的自由思想，重又追求幻灭之美，发表了颓废的《斜阳》、《人间失

的な美を求め、退廃的な『斜陽』、『人間失格』を発表して流行作家となる。39歳で苦悩に満ちた生涯を入水自殺で閉じた。

『走れメロス』の主人公メロスは、たった1人の妹が結婚式を挙げるので10里離れた町へ買い物に出かけた。すると、その町では、人を信じられなくなった王様が罪のない人々を処刑するということが起こっていた。その状況にメロスは激怒するが、王様に歯向かっ①たとして処刑を命じられてしまう。

メロスは、妹の結婚式を挙げてやりたいので3日間待ってほしいと頼むが、断られてしまう。そこでメロスは、人質に友人のセリヌンティウスを置いていくという約束をする。すると王様はそれを認め、メロスが少しでも遅れたり、セリヌンティウスを見殺しにしたら、セリヌンティウスを処刑し、メロスを許すという約束をした。

城へ呼ばれたセリヌンティウスは、事情を聞くと何も言わず、互いの健闘を誓った。その後メロスはすぐに村へ戻り、妹のために盛大な結婚式を挙げ、新郎新婦を祝福した。約束の3日目、メロスは二度と戻ることのない故郷の村を後に

格》（或译《丧失为人资格》），成为了一个流行（小说）作家。39岁投河自尽，结束了他充满苦恼的一生。

《跑吧，梅洛斯》的主人公梅洛斯因为相依为命的妹妹要举行婚礼，就去近四十公里外的城中采购物品。这当口，城里发生了这样的事：(因)国王变得多疑就常处死一些无辜民众。这个情况激怒了梅洛斯，但他却因犯上而被下令处死。

梅洛斯请求宽限3天以让他给妹妹办婚礼，但却被拒绝了。于是梅洛斯约定把好友赛里伦蒂乌斯当人质留下后自己再走，这样国王才点头同意，并定下来说梅洛斯晚回一点儿或者是坐视不管赛里伦蒂乌斯的话，就会杀掉他这位朋友并放了梅洛斯。

被叫到城里来的赛里伦蒂乌斯听完情况后，什么也没说，誓言将协同战斗。之后梅洛斯迅速回村为妹妹办了隆重婚礼，祝福了新郎新娘。在约定的第3天，梅洛斯离开将会永别的故乡山村，疾奔城里。

---

① 歯向かう：反抗，对峙。

第二章　大正・昭和時代の文学

し、城へと急いだ。

しかし、山賊や氾濫した川、灼熱の太陽がメロスの行く手を阻んだ。遅れてくれば助けてやるという王様の言葉が脳裏をよぎり、一度は力尽きてしまうメロスだったが、最後の力を振り絞り何とか太陽が沈むまさにその時、城に間に合った。

メロスは、一度心に迷いがあったことを告げ、セリヌンティウスに自分を殴れと頼むと、セリヌンティウスは無言で頷きメロスを殴った。そして、セリヌンティウスは待っている間にメロスが戻らないのではないかと疑ったことを告げ、自分を殴れと頼んだ。メロスは頷き彼を殴ると、2人は固く抱き合った。すると王様は、そんな二人の姿に心打たれ2人を許した。友情と信頼の美しさを描いた作品である。

『人間失格』の主人公大庭葉蔵は、早くから人間を恐れた。人が何を考えているのか見当がつかないからであった。そのために、気まずさなどを隠そうとして、楽天家になりすましたり、必死の道化①で人を笑わせたりした。

父の希望で高等学校に入った葉蔵は、

但是土匪、泛滥的河流、灼热的太阳挡住了梅洛斯的进路。"晚到就放了你"这句国王的话掠过脑际，有一阵他已是筋疲力尽，但（即使这样）梅洛斯还是拼尽最后的力气总算在太阳西沉的当口赶到城里。

梅洛斯告诉好友自己一度心生犹豫，请求他揍自己。好友赛里伦蒂乌斯默默点头打了梅洛斯。然后赛里伦蒂乌斯告诉梅洛斯自己在等他的时候也怀疑梅洛斯可能不会来，请求梅洛斯揍他。梅洛斯点头打了他，之后两人紧紧抱在一起。而国王被他们两人真情所打动就放了他们。这是一部描写友情和诚信之美的作品。

《人间失格》的主人公大庭叶藏很早开始就怕人，这是因为他猜不出别人在想什么。因此，他为掩饰这种难堪，就装成乐天家，靠拼命扮丑来娱乐他人。

在父亲的希望下叶藏进了高中，

---

① 道化：滑稽，丑角。

通い始めた画塾で、堀木という画学生を知り、酒と煙草と淫売婦と左翼思想を教えられた。葉蔵は「人間恐怖を、たとい一時でも、紛らす①ことのできる」手段を覚えて溺れ、荒んでいった。そのうちに、1人で入った銀座のカフェで飲んだあと、女給ツネ子の下宿で一夜を明かした。1か月後、そのカフェで前後不覚になるほど飲んだ。目が覚めたら枕元にツネ子が座っていた。この日の夜、ツネ子に誘われ、葉蔵が彼女と一緒に冬の鎌倉の海に投身したが、葉蔵だけが生き残るのである。次いで雑誌社の記者、京橋のバーのマダムとそれぞれ一緒に生活したが、人を疑わない煙草屋の娘ヨシ子と結婚する。が、ある晩、ヨシ子は無垢な信頼心のため、葉蔵の目の前で小男の商人に犯されてしまった。催眠剤を飲んで自殺をはかっても死ねなかった葉蔵は、安酒に漬かり、陰惨になる。モルヒネ②中毒になり、発狂して脳病院に閉じ込められ、最後には行方不明になる。

葉蔵には「人間の生活というものが、見当がつかない」ので、生活能力というものがない。生活が保てないかわりに、その

---

① 紛らす：解闷，遮掩。
② モルヒネ：吗啡。

在去学画的画坊里他认识了一个叫堀木的学员，并（从他那儿）知道了烟、酒、娼妓以及左翼思想（这些东西）。叶藏掌握了这些"能短暂掩饰对人恐惧症"的手段后就沉溺、放荡起来。这期间（的一天），他独自去银座的一家咖啡馆喝酒，之后就到那儿的侍应生常子的寄宿屋过夜了。1个月后，叶藏在这家咖啡馆喝得不省人事，一觉醒来发现常子坐在枕边。当天夜里，常子约他一起跳进冬天镰仓的海中自杀，但叶藏却活了下来。接下来叶藏与杂志社女记者、京桥酒吧的老板娘分别一起生活过，但（最后）是与烟草铺主的女儿良子这个见谁信谁的女孩结了婚。然而一天晚上，良子却因她天真无邪的信赖心，在叶藏眼前被一个矬个子商人侵犯了。叶藏喝了安眠药意图自杀却没死成，就沉溺于廉价酒中，变得潦倒不堪。他吗啡中毒，发疯后被关进精神病院，最后去向不明。

叶藏因为"无法猜测人的生活"而变得没有生活能力。虽然他没法生活，却拥有那些无能力者才会保有的

無能者だけが保つことのできる純粋さをもっており、子供のような素直な心は失われていない。どんな冷酷な仕打ちにあっても、不信や背信の行為にあっても、葉蔵の苦悩はたえず自己にのみ向けられる。

津軽地方きっての①大地主の家に生まれ、その家を脱出し、愚行のあげく、脳病院入りし、絶縁②され、すさまじいデカダン③に陥り、なおかつ美と純粋を求めてやまなかったのが太宰治で、それは『晩年』そのほかの作品にも描かれている。しかし、『人間失格』には太宰の追い求めてきた人間性の美と純粋とが、芸術性という点できわだった形で焼き付けられている。胸が痛くなってくるような作品である。

一种纯真,也没有失却孩童般纯净的心。不管遇到怎样无情的对待,也不管遇到怎样不诚实、背叛的行为,他的苦恼永远只是向着自己。

太宰治生于津轻地方屈指可数的大地主家,在逃出这个家庭、有过种种愚蠢行为后,进了精神病院,然后家里与他脱离关系,自己陷入极度的颓废之中,但他仍然不放弃追求美和纯真,这些在《晚年》等其他作品中都有所描写。而在《人间失格》中,太宰一直追求的人性的美和纯真则是通过极为突出的艺术形式给刻画出来的,这是一部(让人读后)心痛不止的作品。

四、大岡昇平

大岡昇平(1909—1988)は、東京牛込区に生まれた。成城学園を経て京都大学仏文科を卒業した。その後、スタンダールに傾倒し、その翻訳と研究を行った。

大冈升平(1909—1988)生于东京牛込区,成城学园学习后(考入并)毕业于京都大学法文系。其后倾倒于司汤达,并从事了一些有关他的翻译和

---

① きっての:头号的,顶尖的。
② 絶縁:断绝关系,绝缘。
③ デカダン:颓废者,颓废的。

1944年35歳で軍隊に召集され、フィリピンに派遣されたが、1945年米軍の捕虜となり、レイテ島の収容所で敗戦を迎え、同年12月帰還した。『俘虜記』、『武蔵野夫人』、『野火』、『花影』、『レイテ戦記』などの中・長篇小説がある。特に、『野火』は、英、仏①、独②、伊③、オランダ④、ポーランド、イスラエル⑤各国語に翻訳され、広く世界で読まれている。

『野火』は、太平洋戦争末期の日本の劣勢が固まりつつある中でのフィリピン戦線が舞台である。主人公田村は、肺病のために部隊を追われ、野戦病院からは食糧不足のために入院を拒否される。現地のフィリピン人は既に日本軍を抗戦相手と見なす。この状況下、米軍の砲撃によって陣地は崩壊し、すべての他者から排せられた田村は、熱帯の山野へと飢えの迷走を始める。生への執着と絶対的な孤独の中で、田村にはかつて棄てた神への関心が再び芽生える。しかし彼の目の当たりにする、自己の孤独、殺人、人肉食

研究(工作)。1944年35岁时被召入军队并给派往菲律宾,1945年做了美军的俘房,在莱特岛的战俘营等到战败,同年12月释放回国。有《俘房记》、《武藏野夫人》、《野火》、《花影》、《莱特战记》等中、长篇小说。特别是《野火》被翻译成英、法、德、意、荷兰、波兰、以色列等国语言,在世界上得到广泛的阅读。

《野火》以太平洋战争末期日本颓势渐趋明显时的菲律宾战线为舞台。主人公田村因肺病被部队赶出来,而野战医院又因粮食不足拒收他住院,当地的菲律宾人已经视日军为敌对者。这种状况下,阵地因美军炮击毁了,被所有其他人又给挤出来的田村在热带山野中开始了饥饿游走。在对生的渴望和无比孤独之中,田村心中再次萌动了以前抛弃掉的对上帝的信仰。但是他眼见的是自己的孤独、杀人、对吃人肉的欲望以及猎杀同胞来求活路的曾经的战友们,这些现实全

---

① 仏:法国。
② 独:德国。
③ 伊:意大利。
④ オランダ:荷兰。
⑤ イスラエル:以色列。

第二章　大正・昭和時代の文学

への欲求、そして同胞を狩って生き延びようとするかつての戦友達という現実は、ことごとく彼の望みを絶ち切る。ついに「この世は神の怒りの跡にすぎない」と断じることに追い込まれた田村は「狂人」と化していく。

『俘虜記』の主人公「私」は、第二次大戦中、ミンドロ島でマラリア①におかされ、置き去りにされる。飲み水を探しているうちに、「私」は尽きて倒れた。そこに若い米兵が現れた。米兵は「私」の存在に気づいていない。「私」は殺されるよりは殺そうとして銃の安全装置を外すが、引金が引けなかった。やがて米兵は去った。身動きのできない「私」は自殺も考えるが果たせず、やがて意識不明となった「私」は米軍に捕えられ捕虜となった。「私」は銃殺を覚悟して連れられていく。しかし夜になって軍医からマラリアの薬の投薬が始まる。翌朝、麓まで下りると、担架が用意されている。担架に仰臥して眩しい空と木々の梢を見ながら、「私」ははじめて「助かった」と思い、同時に「いつも死をひかえて生きてきたそれまでの毎日が、いかに奇怪なものであったか」に思い当たる。

都斩断了他的希望。这逼得田村断言"这个世界不过是上帝发怒的残迹罢了"，并最终让他变成了一个"狂人"。

《俘虏记》的主人公"我"二次大战中在明多洛岛患了疟疾，就被（部队）丢了下来。在找饮用水的过程中，"我"无力地倒了下来。这时来了一个年轻的美国兵。他没有发现"我"，而"我"想与其被杀还不如杀掉对方，于是就打开了枪的保险，但没能扣动扳机。过了一会儿美国兵走了。无法动弹的"我"也想到自杀却没能成功，不久昏了过去的"我"被美军抓到当了俘虏。"我"抱着被枪毙的决心任凭他们带走，但到了晚上，（美军）军医开始给"我"开治疟疾的药。第二天早晨来到山脚下后（发现）给"我"预备了担架。仰卧在担架上望着炫目的天空和林间树梢，"我"第一次意识到"自己得救了"，同时还想"经常与死神擦肩而过的之前的那些日子真是奇怪透了"。

---

① マラリア：疟疾。

『俘虜記』には、退路を遮断され、九分九厘の死を覚悟しながら敗走し、捕虜となるまでの「私」の心理と行動とが、冷静で正確な、そして論理的で明晰な文体によって精緻に描き出され、生きて帰還するまでの記録が鮮やかに繰り広げられていく。戦場小説、戦記文学としても卓越しているだけでなく、近代文学史上に一紀元を画する作品となっている。

《俘虏记》鲜明地纪录了("我")生还之前的过程。退路已被截断,抱着九死一生的想法溃逃、成了俘虏——对这个过程中"我"的心理和行动,小说以冷峻、准确并且严密、清晰的笔触细腻地予以描绘出来。这部作品不仅作为战场小说、战争文学十分卓越,还开辟了近代文学史上的一个纪元。

五、林芙美子

林芙美子（1903—1951）は、下関市に生まれた。両親が行商をしていたため、若松、長崎、鹿児島などを転々し、1918年尾道市立高等女学校に進学、学費を得るため夜は帆布工場で働き、夏は神戸に出稼ぎに行った。彼女は、この頃から次第に文学の道を志すようになって、内外の文学書を読みあさった。高女を卒業後、『放浪記』のモデルとなる岡野軍一を頼って上京するが、やがて破局した。その後、女中、女工、代書、事務員など職を転々としながら、詩や童話を『文芸戦線』などに発表した。1928年から雑誌『女人芸術』に19歳から23歳頃までの多感な放浪の日々を書き綴った私小説『放浪記』を連載し、1930年に単行本と

林芙美子（1903—1951）生于下关市,因双亲外出做生意,她也就跟着辗转于若松、长崎、鹿儿岛等地,1918年考入尾道市立高等女中,为筹措学费晚上在帆布工厂做工,夏天去神户打工。她这时候开始渐渐希望走文学之路,涉猎了国内外文学著作。高等女中毕业后,林芙美子投靠《流浪记》中的原型冈野军一来到东京,但不久两人就分手了。之后,她辗转做过女佣、女工、代笔先生、文员等工作,同时在《文艺战线》等刊物上发表诗歌、童话等。1928年开始在杂志《女人艺术》上连载记录她19岁到23岁左右青春流浪岁月的心境小说《流浪记》,1930

第二章　大正・昭和時代の文学

して出版され、当時のベストセラーとなった。ほかに、『清貧の書』、『泣虫小僧』、『牡蠣』、『晩菊』、『浮雲』などの佳作がある。

「私は宿命的な放浪者である。私は古里を持たない…したがって旅が古里であった」との書き出しで始まる『放浪記』は、飢えと絶望に苦しみながらも、したたかに①生き抜く「私」が主人公である。

この作品は、「私」が幼い時から木賃宿②を転々とし、行商人だった父や母のあとについて歩いた身の上③や、ふがいない④義父に連れ添って苦労した母親のこと、東京に出てきてから嘗めたさまざまな苦い体験、あまり貧乏なので恋人にも逃げられてしまった出来事、いくら童話や詩を書いて売り歩いても、売れなかった話などが、大胆な筆で繰り広げている。

社会の底辺を漂う放浪の記録であるが、明るい性格の主人公が、そうした苦い体験やひどい貧乏にもめげず⑤、一生懸命になって生き抜こうとする姿が多くの読者をひきつけ、ベストセラーとなった。

年出版了单行本，成为当时的畅销书。此外，她还有《清贫书》、《爱哭的小伙计》、《牡蛎》、《晚菊》、《浮云》等佳作。

《流浪记》的开头写道："我是一个命里注定的流浪者。我没有故乡……因此旅途就是故乡"。"我"是这部小说的主人公，虽然饱受饥饿和绝望的煎熬，但却顽强地生存着。

这部作品大胆地描写了很多内容：自幼辗转各地的小客栈、随着做货郎的父母穿街走巷的"我"的身世；嫁给窝囊的继父一起辛苦做事的母亲；来到东京后所经历的各种苦涩；因赤贫而被恋人甩掉的事；自己创作的童话和诗到处去兜售却无人问津的故事等。

这部小说虽是一个漂泊于社会底层的流浪者的记录，但性格开朗的主人公没有被那些苦涩经历和极度贫穷所打倒，而是坚韧生存下去，这个形象吸引了众多读者，（使作品）成为了一本畅销书。

---

① したたかに：坚韧。
② 木賃宿：小客栈。
③ 身の上：身世，境遇，命运。
④ ふがいない：窝囊的。
⑤ めげる：屈服，破损。

六、石川達三

石川達三（1905—1985）は、秋田県横手町に生まれた。早稲田大学英文科を中退した。1930年にブラジル①に渡り、数ヶ月後に帰国した。ブラジルの農場での体験を元にした『蒼氓』（第1部）で、1935に第1回芥川賞を受賞した。社会批判をテーマにした小説を書くが、『生きている兵隊』が新聞紙法に問われ発禁処分、禁固4ヶ月執行猶予3年の判決を受けた。戦後も社会派作家として活動し、『四十八歳の抵抗』、『人間の壁』、『金環蝕』などを書いた。

『蒼氓』（完全版）は、ブラジルへの移民生活を描いている作品であり、第1部は「蒼氓」、第2部は「南海航路」、第3部は「声無き民」と3部からなっている。第1部には、移民たちの出航までの、収容所での8日間の生活が描かれている。第2部には、日本出航後インド洋から喜望峰をまわって45日間の航海を続け、ブラジルのサントスに入港するまでの航海中の様子や出来事が語られている。第3部には、ブラジル到着し移民生活の始まりが描かれている。

石川达三（1905—1985）生于秋田县横手町，早稻田大学英文系中途辍学。1930年远渡巴西，数月后回国。他根据巴西农场体验写的《苍氓》（第1卷），获得了1935年的第1届芥川奖。他也写了社会批判为主题的小说，但其中一篇《活着的士兵》因触犯新闻出版法被查禁，本人被判处缓期3年执行的4个月监禁。战后他仍然作为社会派作家从事写作活动，写了《48岁的抵抗》、《人墙》、《金环蚀》等作品。

《苍氓》（完整版）是描写赴巴西移民者生活的作品，由第1卷《苍氓》、第2卷《南海航路》、第3卷《无声的人民》构成。第1卷描写了移民们出航前在收容所的8天生活，第2卷讲述的是日本出海后经印度洋绕过好望峰进入巴西桑托斯港这45天航行中的情景和发生的事，第3卷描写了到巴西后开始的移民生活。

---

① ブラジル：巴西。

第二章　大正・昭和時代の文学

石川はこの小説で、貧しい暮らしのなかで、希望を見い出そうとする素朴な日本人を描いた。恋しい人に後ろ髪をひかれ①ながらも弟に従っていく佐藤夏、「徴兵逃れ」という非難に身をひそめる弟の孫市が主人公である。この2人を含めた移民たちの多くは、事実上、日本から切り捨てられた「棄民」である。石川も、「『蒼氓』は私の悲しみであり憤りである。そして第3部まで読み続けていくと、我ながら涙を押さえ切れない」と言う。ここからは、貧しい無知な人々に対する彼の深い同情とヒューマニティが読みとれる。

1935年というのは、日本の軍国主義時代にあって、時代の大きな変換期であった。1929年の世界恐慌を契機に、日本は中国の方に向き、1931年には、中国東北地方侵入、さらに1937年には盧溝橋事件を起こし、日中戦争に突入していった。日本の海外移民政策もまた帝国主義的な色彩を帯び、中国の台湾、東北地方はもちろん、ブラジル移民政策までが国策的な意味を帯びていた。特に『蒼氓』の中で描かれている日本の東北農民の貧しさとそれを解決する手段としての海外移民政策

石川在这部小说中描写了贫寒生活中仍要寻找希望的那些朴素的日本人。主人公是与男友依依不舍却要跟弟弟走的佐藤夏和她的要躲避"逃兵役"责难的弟弟孙市。包括她们两个人的众多移民事实上是被日本甩掉的"弃民"。石川也说："《苍氓》是我的悲愤(之作)，连着读到第3卷时，我都无法抑制自己的泪水"。从这里可以看出作者对贫穷愚昧人们的深切同情和人道(关怀)。

1935年这一年处于日本的军国主义时期，是时代的巨大转换期。日本籍着1929年的世界大萧条转向了中国，1931年入侵中国东北地区（"9·18"事变），进而在1937年挑起了"卢沟桥事件"，由此爆发了中日战争（抗日战争）。日本的海外移民政策也带有帝国主义色彩，中国的台湾、东北地区自不待言，连巴西移民政策也带有这种国家政策的意味。特别是《苍氓》中描写的日本东北农民的贫穷和作为其解决手段的海外移民政策，都

---

① 後ろ髪をひかれる：依依不舍，难舍难分。

は、のちに「棄民思想」と言われるようなどうしようもない暗さが付きまとっていた。この作品は、そうした日本の暗い世相の中で、特に権力者への抗議の意味がある。

摆脱不掉后来被称为"弃民思想"的这个沉沉黑影。这部作品在日本那股黑暗的风潮中，有着一种对权力部门抗议的含义。

七、三岛由纪夫

三島由紀夫（1925—1970）は、本名は平岡公威であり、東京新宿区に生れた。学習院高等科を経て1947年東京大学法学部を卒業した。1941年三島由紀夫のペンネームを使って、『花ざかりの森』を『文芸文化』に連載し、注目された。戦後、『仮面の告白』、『愛の渇き』を書き、一作ごとに反響を呼び、マスコミの寵児となった。1954年以降、『潮騒』、『金閣寺』、『美徳のよろめき』、『美しい星』、『豊饒の海』などを発表し、類まれな文学の才能を発揮した。1970年に割腹自殺した。

『仮面の告白』は、三島由紀夫が背水の陣で書き下ろした作品として、彼の作家の地位を確固たるものに決定づけて、それより一躍有名作家になった。この作品は、「私」による一人称、告白体の形式によって、「私」の生い立ちから青年期までを描いていく三島の自伝的小説である。祖

三岛由纪夫（1925—1970）本名叫平冈公威，生于东京新宿区，学习院高等科学习后于1947年毕业于东京大学法学部。1941年使用三岛由纪夫的笔名在《文艺文化》上连载了《繁花盛开的森林》，受到关注。战后写了《假面的告白》、《爱的渴望》，每部作品都引起反响，成为媒体的宠儿。1954年以后，发表了《潮骚》、《金阁寺》、《美德的蹒跚》、《美丽的星星》、《丰饶的海》等（作品），都展现了他无以伦比的文学才能。1970年剖腹自杀。

《假面的告白》是三岛由纪夫在背水一战的情况下写就的作品，凭藉它确立了三岛的作家地位，并（让他）由此一跃成为知名作家。这部作品用第一人称自白的形式描写了"我"从出生至青年期的（成长故事），是三岛的自传式小说。同以祖母为中心的家庭成

第二章　大正・昭和時代の文学

母を中心とした家族との関わり、学習院における同性愛的経験、友人の妹との恋愛と裏切りなどの出来事が、第二次世界大戦期、戦後期の時代背景の中に描かれている。当時、同性愛というテーマを扱ったことはセンセーショナル①な話題を呼んだ。

『金閣寺』は、鹿苑寺庭園にその美観を誇っていた金閣寺が、寺僧の放火によって焼失した事件を素材として書かれたものである。

この小説の主人公溝口は、生来の吃音者であり、この障害のゆえに、彼は自らの「内界と外界との間の扉」を容易に開くことができない。したがって、彼が自分を豊かに育てる方法は、ただひたすら「歴史における暴君」のような「権力意志」を夢見ることと、「内面世界の王者」たる「大芸術家」を夢見ることに委ねられ、孤独に青春を模索している。彼が、自分自身を内観するような気持ちで、金閣寺を見るとき、そこに見えてくることは、「金閣は不安が建てた建築」ということにほかならなかった。

このようにして、主人公は金閣寺に自

员间的关系、学习院（读书时）的同性恋经历、与朋友妹妹恋爱以及对她的背叛等情节，在第二次世界大战期间和战后阶段这个时代背景下进行了描写。（小说）所涉及的同性恋题材在当时曾是一个爆炸性的话题。

《金阁寺》取材于位于鹿苑寺庭院以美观驰名的金阁寺被寺中僧徒放火烧掉这个事件。

这部小说的主人公沟口天生口吃，因为这个缺陷，他不能轻松推开"内心与外界之间的门扉"。于是，他充实自己的方法是任凭自己沉迷于幻想"历史上的暴君"那样的"权力意志"，幻想成为"（自己）内心世界王者"的"大艺术家"，（以此）来孤独地摸索（自己的）青春。他以反躬自省的心情来看金阁寺的时候，呈现眼帘的就只能是"金阁是由不安建成的建筑物"。

就这样，主人公形成了这样一幅

---

①　センセーショナル：轰动的，煽动性的。

己を同一化させて、自分は金閣寺と同じ存在であり、金閣寺は自分のものという図式を作り出してゆく。やがて、敗戦となり、主人公は、他の日本人同様、不安と悲哀のどん底に陥るが、金閣寺は依然として「未来永劫①」の表情を発揮し続けている。同一性を断たれたような気持ちになった主人公は、自分の夢想に終止符をうつために、金閣寺の放火を決意するのであった。

『金閣寺』は、日本の戦後文学の「記念碑的作品」(三好行雄)となり、三島の長篇小説の中でも「最も芸術的な香りの高い作品」(磯田光一)と見なされ、英、仏、独、伊、スペイン、デンマーク、スウェーデン、オランダ、フィンランド、ノルウェーなどの各国語に翻訳出版されて広く世界に知られる作品の1つとなっている。

图式：他把自己等同于金阁寺，自己和金阁寺是一体的，金阁寺就是自己的。不久(日本)战败，主人公和其他日本人一样陷入不安和悲哀的深渊。然而金阁寺依然保持着它"永恒不变"的一幅表情。感觉一体性被割断的主人公为了结束自己的梦想，决定放火烧掉金阁寺。

《金阁寺》是日本战后文学"纪念碑式的作品"(三好行雄)，即便在三岛的长篇小说中，它也被视为"最有艺术芳香的作品"(矶田光一)，为英、法、德、意、西班牙、丹麦、瑞典、荷兰、芬兰、挪威等各国所翻译和出版，是广为世界所知的作品之一。

---

① 未来永劫：永久，永远。

あとがき

　二人三脚の奮戦だった。専攻がそれぞれ異なる日本と中国の研究者の協力のもとで、ようやく本書が出来上がった。原稿をおこしてから、すでに6年の歳月が流れたのだった。

　これまで、日本近代文学に関する著書は、内外ともに枚挙に暇がないが、日本語で綴られ、しかも一般外国人向けのものはその数がまだ多くないと思われる。例えば、中国で発行され、日本語による著書のほとんどが学術色が濃厚なうえに、日本語表現が難しく、漢字(作品名、語句など)の振り仮名、語句の説明、索引の添付なども欠けている。しかし、実際には、日本文学を専攻にしていない、一定の日本語の読み書き能力を持っている日本文学愛好者からみれば、分かりやすい日本語でまとめられ、読み心地が楽で親切なものがほしいではないかと思われる。よって、本書では、従来のやり方を反省したうえで、比較的やさしい日本語表現を取り入れ、漢字の振り仮名や索引の作成を試みている。さらに俳句を楽しむコーナーも設けてある。一連の工夫は、とにかく、日本文学と日本語がすきな方々に、気軽に本書を読んでいただきたく、凝らしているのである。

　本書の第1稿は、吉留杉雄と王崗によって完成され、第2稿以降は王崗と方韻で分担添削・整理・翻訳している。日本語のチェックはいずれも吉留によって施されている。なお、本書は、近代文学の名のもとで編集されるため、明治から1960年代までの間で活躍していた作家またはその作品を中心に論じていると断っておきたい。

　本書の出版にあたって、东南大学出版社に多大なお世話を蒙っている。特に、編集担当者の劉堅さんには大きな労力をはらっていただいた。ここに関係者の方々に厚くお礼申し上げる。

参考文献

[1] 芥川龍之介. 1966. 日本文学全集 28・芥川龍之介集. 東京：集英社.

[2] 有島武郎. 1968. 日本文学全集 25・有島武郎集. 東京：集英社.

[3] 石川啄木(著),岩城之徳(校注). 1973. 歌集一握の砂・悲しき玩具. 東京：講談社.

[4] 石川達三. 1972. 日本文学全集 64・石川達三. 東京：集英社.

[5] 『一冊の講座』編集部. 1982. 一冊の講座・芥川龍之介. 東京：有精堂.

[6] 伊藤整(ほか). 1968. 新潮日本文学小辞典. 東京：新潮社.

[7] 井上靖. 1964. 天平の甍. 東京：新潮社.

[8] 井上靖. 1966. 日本文学全集 83・井上靖集. 東京：集英社.

[9] 井本農一(ほか)(校訂・訳). 2008. おくのほそ道　芭蕉・蕪村・一茶名句集. 東京：小学館.

[10] 王岗. 1994. 沙菲与早月叶子的爱情悲剧解析. 苏州大学学报外国语言文学专辑(四). 苏州大学学报编辑部.

[11] 王之英(主编). 2006. 日本近代文学. 天津：南开大学出版社.

[12] 大岡昇平. 1974. 日本文学全集 80・大岡昇平. 東京：集英社.

[13] 尾崎紅葉・泉鏡花. 1974. 日本文学全集 2・尾崎紅葉・泉鏡花. 東京：集英社.

[14] 尾崎紅葉. 1969. 金色夜叉. 東京：新潮社.

[15] 小田切進. 1974. 日本の名作. 東京：中央公論社.

[16] 川端康成. 1966. 日本文学全集 39・川端康成集. 東京：集英社.

[17] 川端康成.1971.掌の小説.東京:新潮社.

[18] 川端康成.1947.雪国.東京:新潮社.

[19] 菊池寛・広津和郎.1974.日本文学全集29・菊池寛・広津和郎.東京:集英社.

[20] 木下尚江.1973.日本近代文学大系20・木下尚江集.東京:角川書店.

[21] 国木田独歩・石川啄木.1967.日本文学全集12・国木田独歩・石川啄木集.東京:集英社.

[22] 幸田露伴・樋口一葉.1974.日本文学全集3・幸田露伴・樋口一葉.東京:新潮社.

[23] 小林多喜二・徳永直.1967.日本文学全集43・小林多喜二・徳永直集.東京:集英社.

[24] 志賀直哉.1967.日本文学全集24・志賀直哉集.東京:集英社.

[25] 島崎藤村.1966/1967.日本文学全集9,10・島崎藤村集(一),(二).東京:集英社.

[26] 自由国民社(編).1983.明治・大正・昭和の名著(総解説).東京:自由国民社.

[27] 周平(主编).2001.日本文学作品选读.上海:上海外语教育出版社.

[28] 太宰治.1969.日本文学全集28・太宰治集.東京:新潮社.

[29] 太宰治.1953.晩年.東京:角川書店.

[30] 太宰治.1970.走れメロス.東京:角川書店.

[31] 鷹羽狩行(著),郑民钦(译).1993.怎样欣赏俳句.南京:译林出版社.

[32] 高浜虚子・長塚節・伊藤左千夫.1968.日本文学全集17・高浜虚子・長塚節・伊藤左千夫集.東京:集英社.

[33] 谷崎潤一郎.1951.春琴抄.東京:新潮社.

[34] 谷崎潤一郎.1969.日本現代文学全集17・谷崎潤一郎集.東京:講談社.

[35] 田山花袋.1972.日本文学全集7・田山花袋.東京:集英社.

[36] 谭晶华.1992.日本近代名作鉴赏.北京:商务印书馆.

[37] 赵晓柏,应杰,陶振孝.2008.日本文学选集.北京:外语教学与研究出版社.

[38] 坪内逍遥・二葉亭四迷・北村透谷.1978.日本文学全集1・坪内逍遥・二葉亭四迷・北村透谷集.東京:筑摩書房.

[39] 徳田秋声.1967.日本文学全集8・徳田秋声集.東京:集英社.

[40] 徳富蘆花.1967.日本文学全集6・徳富蘆花集.東京:集英社.

[41] 永井荷風.1967.日本文学全集20・永井荷風集.東京:集英社.

[42] 中島敦.1968.日本の文学36・滝井孝作・梶井基次郎・中島敦.東京:中央公論社.

[43] 夏目漱石.1950.草枕.東京:新潮社.

[44] 夏目漱石.1967.日本文学全集16・夏目漱石集.東京:集英社.

[45] 布野栄一.1987.芥川龍之介—その歴史小説と『今昔物語』—.東京:桜楓社.

[46] 林芙美子.1966.日本文学全集48・林芙美子集.東京:集英社.

[47] 葉山嘉樹・黒島伝治・伊藤永之介.1969.日本文学全集44・葉山嘉樹・黒島伝治・伊藤永之介集.東京:集英社.

[48] 樋口一葉.1969.日本現代文学全集3・にごりえ.東京:講談社.

[49] 三島由紀夫.1960.金閣寺.東京:新潮社.

[50] 宮本百合子.1972.日本文学全集35・宮本百合子.東京:集英社.

[51] 武者小路実篤.1966.日本文学全集23・武者小路実篤集.東京:集英社.

[52] 森鷗外.1948.雁.東京:新潮社.

[53] 森鷗外.1973.日本文学全集4・森鷗外.東京:集英社.

[54] 横光利一.1973.日本文学全集38・横光利一.東京:集英社.

[55] 横光利一.1972.日本近代文学大系・日輪.東京:角川書店.

[56] 与謝野晶子.1977.美しい日本の詩歌17・君死にたもうことなかれ.東京:岩崎書店.

[57] 吉野教育図書編集部.国語資料総覧.東京:吉野教育図書.

[58] 刘崇稜.1995.日本文学欣赏・近代篇.台北:联经出版事业公司

[59] 刘洪(主编).1995.日本现代文学作家与作品.南京:南京大学出版社.

[60] 刘振瀛·卞铁坚·潘金生.1993.日本近现代文学阅读与鉴赏—附日本近现代文学概述(全二册).北京:商务印书馆.

[61] baike.baidu.com/view(2010.3—2012.3 浏览)

[62] http://henmi42.cocolog-nifty.com/yijianyeye/2009/03/post—a0d7.html.(小林多喜二の「蟹工船」).(2009.7.10 浏览)

[63] ja.wikipedia.org/wiki/与謝野晶子.(2009.4.12 浏览)

[64] ja.wikipedia.org/wiki/野火_(小説).(2009.5.16 浏览)

[65] ja.wikipedia.org/wiki/仮面の告白.(2009.5.22 浏览)

[66] jp.encarta.msn.com/text_761573164_1/content.html.(2009.7.22 浏览)

[67] ja.wikipedia.org/wiki/浪漫主義.(2009.7.22 浏览)

[68] www.geocities.jp/sybrma/62yosanoakiko.shi.html.(2009.4.12 浏览)

[69] www.w—kohno.co.jp/contents/book/nakajima.html.(2009.5.10 浏览)

[70] www.40anos.nikkeybrasil.com.br/jp/biografia.php?cod=232.(2009.5.16 浏览)

[71] www.voiceblog.jp/yomiya/m200807.html.(俳句·短歌～日本の詩歌).(2009.6.21 浏览)

作家・作品・文学流派索引

（あ）

『愛すればこそ』……………………………………………… 89
『愛の渇き』…………………………………………………… 166
『蒼き狼』……………………………………………………… 148
青野季吉………………………………………………… 113,114,115
芥川龍之介……………………………………………… 82,101,110,155
『悪魔』………………………………………………………… 87
『あこがれ』…………………………………………………… 80
浅原六朗……………………………………………………… 138
『足跡』……………………………………………………… 54,55
『芦刈』………………………………………………………… 89
『頭ならびに腹』……………………………………………… 139
『網走まで』…………………………………………………… 94
『阿部一族』…………………………………………………… 63
『アメリカ物語』……………………………………………… 85
『新世帯』……………………………………………………… 55
有島生馬…………………………………………………… 90,98
有島武郎…………………………………………………… 90,98
『或阿呆の一生』……………………………………………… 102

『或る女』……99
『或日の大石内蔵助』……101,104
『暗夜行路』……94,96

(い)

『異域の人』……148
『家』……43,45
『生きている兵隊』……164
石川啄木……77,79
石川達三……164
『伊豆の踊子』……143,144
泉鏡花……17,54
磯田光一……168
『異端者の悲しみ』……87
『一握の砂』……80
『一兵卒』……42,46,48,50,51
伊藤左千夫……52
伊藤整……138
稲垣足穂……138
『田舎教師』……46,48,49,50,51
井上靖……147,148,150
井伏鱒二……138
今野賢三……112
『芋粥』……101
『芋掘り』……53
『入れ札』……111
岩野泡鳴……42
『淫売婦』……116

(う)

- 植木枝盛 …………………………………………………………… 4
- 『浮雲』 ……………………………………………………… 2,10,11,13,14
- 『浮雲』(林芙美子作) ………………………………………… 163
- 『渦卷ける鳥の群』 …………………………………………… 120,122
- 『美しい星』 ……………………………………………………… 166
- 『腕くらべ』 ……………………………………………………… 85
- 『生まれ出づる悩み』 …………………………………………… 99
- 『海に生くる人人』 …………………………………… 116,117,118

(え)

- エゴイズム文学 ………………………………………………… 102
- 『縁』 ……………………………………………………………… 47
- 『厭世詩家と女性』 ……………………………………………… 15

(お)

- 大岡昇平 ………………………………………………………… 159
- 『大塩平八郎』 …………………………………………………… 67
- 『大津順吉』 ……………………………………………………… 94
- 『おかめ笹』 …………………………………………………… 85,86
- 『興津弥五右衛門の遺書』 …………………………………… 63,65
- 『屋上の狂人』 …………………………………………………… 111
- 小栗風葉 ………………………………………………………… 17,54
- 尾崎紅葉 ………………………………………………… 2,17,29,54
- 『お目出たき人』 ……………………………………………… 92,93
- 『思出の記』 ……………………………………………………… 32
- 『恩讐の彼方に』 ………………………………………………… 110

(か)

- 『カインの末裔』 ………………………………………………… 99

作家・作品・文学流派索引

『花影』……………………………………………… 160
『牡蠣』……………………………………………… 163
『霍小玉伝』………………………………………… 59
鹿地亘……………………………………………… 114
『佳人之奇遇』……………………………………… 5,6
片岡鉄兵…………………………………………… 138,143
『河童』……………………………………………… 101,102
『蟹工船』…………………………………… 125,127,128,129
金子洋文…………………………………………… 115
『黴』………………………………………………… 54,55
『神と人との間』…………………………………… 89
『仮面の告白』……………………………………… 166
花柳小説…………………………………………… 85
『枯野抄』…………………………………………… 101
川上眉山…………………………………………… 17
川端康成……………………………… 138,139,142,143,147
『雁』………………………………………………… 58,60
『かんかん虫』……………………………………… 99
『感情装飾』………………………………………… 143

(き)

菊池寛……………………………………… 101,110,111
岸田国士…………………………………………… 138
北村透谷…………………………………… 2,5,15,27
『城の崎にて』……………………………………… 94,96
木下尚江…………………………………………… 77
『君死にたまふことなかれ』……………………… 39
『窮死』……………………………………………… 42,51

『麒麟』……………………………………………………………… 87
『金閣寺』……………………………………………… 166,167,168
『金環蝕』……………………………………………………… 164
『禽獣』…………………………………………………………… 143
『金と銀』………………………………………………………… 89

(く)

『草枕』………………………………………………………… 70,75
国木田独歩…………………………………………………… 5,50,51
久野豊彦………………………………………………………… 138
『虞美人草』……………………………………………… 70,73,74,75
久米正雄………………………………………………………… 101
蔵原惟人…………………………………………………… 115,127
『黒い目と茶色の目』…………………………………………… 32
黒島伝治………………………………………… 114,118,119,121

(け)

『啓吉物語』…………………………………………………… 111
『経国美談』……………………………………………………… 5
芸術至上主義…………………………………………………… 137
芸術派…………………………………………………………… 137
『戯作三昧』………………………………………………… 101,105
『源叔父』………………………………………………………… 51
『玄鶴山房』…………………………………………………… 101
現実派…………………………………………………………… 29
硯友社………………………………………………………… 17,18

(こ)

『恋衣』…………………………………………………………… 38
『工場細胞』…………………………………………………… 129

作家・作品・文学流派索引

『行人』	70
『洪水』	148
幸田露伴	29, 30
行動主義	138
『坑夫』	70
合理主義	26
『黒潮』	32
『こころ』	70, 74
『五重塔』	30
『悟浄出世』	151
『小僧の神様』	94, 95
児玉花外	77
『古譚』	151
小塚空谷	77
古典主義	26
『古都』	143
小林多喜二	115, 118, 123, 124, 125, 128, 129
小牧近江	112
小松清	138
小室重弘	6
『金色夜叉』	19, 21

(さ)

佐々木孝丸	112
佐佐木茂索	138
『細雪』	89
佐藤春夫	84
里見弴	90, 98

『佐保姫』……………………………………………………………… 38

左翼文学 ……………………………………………………………… 82

『懺悔』………………………………………………………………… 78

『山月記』……………………………………………………………… 151

『三四郎』……………………………………………………………… 70

『山椒大夫』………………………………………………………… 65,67

『三等船客』…………………………………………………………… 115

『三人法師』…………………………………………………………… 89

（し）

『幸福者』……………………………………………………………… 92

『潮騒』………………………………………………………………… 166

志賀直哉 ………………………………………………… 90,94,95,96

『地獄』………………………………………………………………… 115

『地獄変』……………………………………………………………… 102

『静かなる羅列』……………………………………………………… 142

『刺青』………………………………………………………………… 87

自然主義 ………………………………… 28,40,41,42,84,90,92,139

『自然と人生』……………………………………………………… 29,32

島崎藤村 ……………………………………………………… 2,27,28,42

『島原心中』…………………………………………………………… 111

島村抱月 ……………………………………………………………… 42

『社会契約論』………………………………………………………… 3

『社会主義詩集』……………………………………………………… 77

社会派 ………………………………………………………………… 164

写実主義 …………………………………………………………… 2,10

『斜陽』………………………………………………………………… 156

『上海』………………………………………………………………… 142

作家・作品・文学流派索引

- 『自由論』…………………………………………………… 3
- 『侏儒の言葉』……………………………………………… 102
- 『春琴抄』…………………………………………………… 89
- 『将軍』……………………………………………… 101,103,104
- 『招魂祭一景』……………………………………………… 143
- 『小説真髄』………………………………………… 1,8,9,10
- 『妾宅』……………………………………………………… 85
- 『饒太郎』………………………………………………… 87,88
- 掌編小説……………………………………………………… 143
- 『女工哀史』………………………………………………… 115
- 白樺派……………………………………… 82,83,90,91,98
- 『しろばんば』……………………………………………… 148
- 新感覚派………………………………… 118,137,138,139,143
- 新技巧派……………………………………………………… 101
- 『新橋夜話』………………………………………………… 85
- 新現実主義派………………………………………………… 83
- 新現実派……………………………………………………… 101
- 新興芸術派…………………………………………………… 138
- 『人虎伝』…………………………………………………… 151
- 新思潮派……………………………………………………… 101
- 新社会派……………………………………………………… 138
- 『真珠夫人』………………………………………………… 111
- 新心理主義…………………………………………………… 138
- 『人生に相渉るとは何の謂ぞ』…………………………… 15
- 『神童』……………………………………………………… 87
- 新理知派……………………………………………………… 101
- 新浪漫派……………………………………………………… 83

(す)

菅忠雄 …………………………………………………………… 138

スタンダール …………………………………………………… 159

『炭焼のむすめ』 ……………………………………………… 53

(せ)

『生』 …………………………………………………………… 46,47

政治小説 ………………………………………………………… 2,5

『青年』 ………………………………………………………… 57

『清貧の書』 …………………………………………………… 163

『清兵衛と瓢箪』 ……………………………………………… 94

『世間知らず』 ………………………………………………… 92

『セメント樽の中の手紙』 …………………………………… 116

『1928年3月15日』 …………………………………………… 125,127

『千羽鶴』 ……………………………………………………… 143

(そ)

『僧行賀の涙』 ………………………………………………… 148

『蒼氓』 ………………………………………………………… 164,165

『続雪国抄』 …………………………………………………… 145

『楚囚の詩』 …………………………………………………… 15

『即興詩人』 …………………………………………………… 58

『その妹』 ……………………………………………………… 92

『橇』 …………………………………………………………… 120,123

『それから』 …………………………………………………… 70,71,74,75

(た)

頽唐派 …………………………………………………………… 83

『高瀬舟』 ……………………………………………………… 63,69

滝沢馬琴 ………………………………………………………… 8,106

作家・作品・文学流派索引

『たけくらべ』……………………………………………… 22,23
太宰治（だざい おさむ）……………………………………… 155,159
『忠直卿行状記』（ただなおきょうぎょうじょうき）……………… 111
『爛』（ただれ）……………………………………………… 54
『蓼喰ふ虫』（たでくう）…………………………………… 89
谷崎潤一郎（たにざきじゅんいちろう）……………………… 84,86
谷崎精二（たにざきせいじ）…………………………………… 86
田山花袋（たやまかたい）…………………………………… 2,42,46
耽美主義（たんびしゅぎ）……………………………………… 83,89
耽美派（たんびは）…………………………………… 83,84,86,90

（ち）

『父帰る』（ちちかえる）……………………………………… 110
中条(宮本)百合子（ちゅうじょう みやもと ゆりこ）……… 115,130,132,133
『偸盗』（ちゅうとう）………………………………………… 102
『沈黙の塔』（ちんもくのとう）……………………………… 57,61

（つ）

追懐文学（ついかい）………………………………………… 85
『土』（つち）…………………………………………………… 53
坪内逍遥（つぼうちしょうよう）……………………………… 1,8,10
『妻』（つま）…………………………………………………… 46,47
『露団々』（つゆだんだん）…………………………………… 30

（て）

『転換時代』（てんかんじだい）……………………………… 129
伝奇小説（でんき）…………………………………………… 59,151
『天平の甍』（てんぴょうのいらか）………………………… 148
『電報』（でんぽう）…………………………………………… 119

183

（と）

東海散士	5
『闘牛』	148
『藤十郎の恋』	110
『党生活者』	125,129
『当世書生気質』	9,10
『道標』	136
『毒草』	38
徳田秋声	5,17,42,51,54
徳富蘆花	2,5,29,31
『独房』	129
『常夏』	38
豊島与志雄	101
『敦煌』	148

（な）

『内部生命論』	15
永井荷風	84,86
中江兆民	4
中河与一	138,143
中島敦	150,155
長塚節	42,51,52
中野重治	114
中村光夫	155
中村武羅夫	138
長与善郎	90
『泣虫小僧』	163
『夏草』	43

作家・作品・文学流派索引

夏目漱石 ……………………………………………… 2, 58, 69
『ナポレオンと田虫』………………………………… 142
『南総里見八犬伝』…………………………………… 8, 106

(に)

『にごりえ』…………………………………………… 22
『二銭銅貨』…………………………………………… 120, 121
『日輪』………………………………………………… 139
『二人比丘尼色懺悔』………………………………… 18
『人間失格』…………………………………………… 156, 157, 159
『人間の壁』…………………………………………… 164

(ね)

『眠れる美女』………………………………………… 143

(の)

『野火』………………………………………………… 160
『伸子』………………………………………………… 134, 135, 136

(は)

『灰色の月』…………………………………………… 94
『蝿』…………………………………………………… 139
『破戒』………………………………………………… 2, 42, 43, 45, 47, 51
『歯車』………………………………………………… 101
『走れメロス』………………………………………… 155, 156
長谷川天渓 …………………………………………… 42
『鼻』…………………………………………………… 101
『花ざかりの森』……………………………………… 166
『花束』………………………………………………… 55
林芙美子 ……………………………………………… 162
葉山嘉樹 ……………………………………………… 114, 116, 117

『葉山嘉樹の芸術』……………………………………………… 118
『春』………………………………………………………… 43,45
『春は馬車に乗って』……………………………………………… 142
『手巾(ハンカチ)』………………………………………………… 101,104
『晩菊(ばんぎく)』………………………………………………………… 163
反資本主義文学………………………………………………… 76
反戦文学………………………………………………………… 78
『氾濫(はんらん)』………………………………………………… 120,121

（ひ）

『光と風と夢』………………………………………………… 151
『彼岸過迄』…………………………………………………… 70
樋口一葉……………………………………………… 21,22,29
『美徳のよろめき』……………………………………………… 166
『一塊の土』………………………………………………… 101,107
『一葉舟』……………………………………………………… 43
『火の柱』……………………………………………………… 78
『氷壁』……………………………………………………… 148
平林たい子…………………………………………………… 115
平林初之輔……………………………………… 113,114,115
広津柳浪………………………………………………… 5,17,18

（ふ）

『瘋癲老人日記』………………………………………………… 89
『風流仏』……………………………………………………… 30
『風林火山』…………………………………………………… 148
『富嶽百景』…………………………………………………… 155
深田久弥……………………………………………………… 153
『不在地主』………………………………………………… 125,129

『富士』 ……………………………………………………………… 32
藤森成吉 ……………………………………………………………… 115
『二つの庭』 ……………………………………………………………… 136
二葉亭四迷 ……………………………………………………………… 2,10,11
『蒲団』 ……………………………………………………………… 2,42,46,47
舟橋聖一 ……………………………………………………………… 138
『フランス物語』 ……………………………………………………………… 85
『俘虜記』 ……………………………………………………………… 160,161,162
プロレタリア文学 ……………………………… 111,112,113,117,118,129,137
『文芸運動と労働運動』 ……………………………………………………………… 114

(ほ)

『豊饒の海』 ……………………………………………………………… 166
『蓬莱曲』 ……………………………………………………………… 15
『放浪記』 ……………………………………………………………… 162,163
細井和喜蔵 ……………………………………………………………… 115
『坊っちゃん』 ……………………………………………………………… 70,71,73,75
『不如帰』 ……………………………………………………………… 2,32,34
『焔』 ……………………………………………………………… 55
堀辰雄 ……………………………………………………………… 138

(ま)

『舞姫』 ……………………………………………………………… 57,58,59
前田河広一郎 ……………………………………………………………… 115
正岡子規 ……………………………………………………………… 52
正宗白鳥 ……………………………………………………………… 42
『貧しき人々の群』 ……………………………………………………………… 131

(み)

三島由紀夫 ……………………………………………………………… 166

『みだれ髪』 ……………………………………………… 28,37,38,83
『道草』 …………………………………………………………… 70
『身投げ救助業』 ……………………………………………… 111
『源義朝』 ………………………………………………………… 46
『みみずのたはこと』 ………………………………………… 32
明星派 ……………………………………………………… 36,79
三好行雄 ………………………………………………………… 168

(む)

『武蔵野』 ………………………………………………………… 51
『武蔵野夫人』 ………………………………………………… 160
『無産階級の文化』 …………………………………………… 114
武者小路実篤 …………………………………………… 90,92,99
村松正俊 ………………………………………………… 112,114

(め)

『明暗』 …………………………………………………………… 70
『名人』 ………………………………………………………… 143

(も)

『妄想』 …………………………………………………………… 57
『盲目物語』 ……………………………………………………… 89
『文字禍』 ……………………………………………………… 151
モダニズム(文学) …………………………………… 137,138
『桃色の部屋』 …………………………………………………… 93
『桃太郎』 ……………………………………………………… 102
森鷗外 ………………………………………………… 2,29,57,61,69
『門』 ………………………………………………………… 70,74
『紋章』 ………………………………………………………… 140

(や)

『宿り木』……………………………………… 32
柳川春葉 ……………………………………… 54
柳瀬正夢 ……………………………………… 112
矢野竜渓 ……………………………………… 5
『藪柑子』……………………………………… 54
山川亮 ………………………………………… 112
山田清三郎 …………………………………… 113
山田美妙 ……………………………………… 17
『山の音』……………………………………… 143
山本有三 …………………………………… 101,110

(ゆ)

唯美派 ………………………………………… 83
遊蕩文学 ……………………………………… 85
『雪国』…………………………………… 143,145,147
『雪国抄』……………………………………… 145
『雪のシベリア』……………………………… 120

(よ)

『夜明け前』…………………………………… 43
横光利一 …………………………………… 138,139,142
与謝野晶子 ……………………………… 2,28,35,83
与謝野寛(鉄幹) ………………………… 27,35,79
『呼子と口笛』………………………………… 80
『四十八歳の抵抗』…………………………… 164

(ら)

『落梅集』……………………………………… 43
『羅生門』……………………………………… 101
『蘭学事始』…………………………………… 111

日本近代文学关键词

(り)

リアリズム ……………………………………………… 8
龍胆寺雄 ………………………………………………… 138
『猟銃』 ………………………………………………… 148
『良人の自白』 ………………………………………… 78
『旅愁』 ………………………………………………… 142
『李陵』 ………………………………………………… 151,153

(れ)

『レイテ戦記』 ………………………………………… 160
歴史小説 ………………………………………………… 61,62
『連環記』 ……………………………………………… 30

(ろ)

『労働運動と知識階級』 ……………………………… 114
『労働軍歌』 …………………………………………… 77
『労働者のいない船』 ………………………………… 116
浪漫主義 ………………………………………… 2,26,27,28,29
浪漫派 …………………………………………………… 29
『楼蘭』 ………………………………………………… 148
魯迅 ……………………………………………………… 125
ロマン主義 ……………………………………… 26,36,37
ロマンチシズム ………………………………………… 29

(わ)

『和解』 ………………………………………………… 94
『若菜集』 ……………………………………………… 28,43
『吾輩は猫である』 …………………………………… 58,70,71
『わかれ道』 …………………………………………… 22
私小説 …………………………………………… 2,46,94,162

注釈語句索引

(あ)

あがめる:崇拜 …… 104

あからさま:顕然,露骨 …… 92

〜上がり:出身,做过〜 …… 85

あくどい:浓艳,过火 …… 88

〜あげく:最后,结果 …… 46

あけっぱなし:敞开 …… 92

足かけ:前后大约 …… 107

アナーキー:无政府状态,混乱状态 …… 116

あばら屋:破房子,陋舍 …… 154

アマチュア:业余 …… 7

(い)

伊:意大利 …… 160

いい加減:敷衍,随便,适当 …… 69

許婚(許婚):订婚,指腹为婚 …… 10

粋:潇洒,风流 …… 95

いくじ(が)ない:懦弱,没出息 …… 60

いじらしい:可爱,令人疼爱 …… 59

イスラエル:以色列 …… 160

一人前(いちにんまえ):成年人,一份儿,够格 ·············· 120
一本立ち(いっぽんだち):独自,自立 ························ 120
イデオロギー:意识形态 ································· 7
イモリ:蝾螈 ·· 96
いやしくも:假如,既然 ································· 65
インテリ(ゲンチャ):知识分子 ·························· 3

(う)
後ろ髪(うしろがみ)をひかれる:依依不舍,难舍难分 ······ 165
内輪(うちわ)もめ:家庭纠纷,内讧 ······················ 72
うっちゃる:反败为胜,抛开 ···························· 106
己惚(うぬぼれ):骄傲,自负 ····························· 102

(え)
エゴイスト:利己主义者 ································ 59
エネルギッシュ:起劲,不遗余力,精神饱满 ·············· 112
エピソード:小插曲 ···································· 21
エルサレム:耶路撒冷 ·································· 31
エロ:色情(的),黄色(的) ······························ 138

(お)
臆病(おくびょう):怯懦,胆小 ··························· 88
おだてる:吹捧,煽动 ·································· 112
お茶(ちゃ)をにごす:含糊其词 ·························· 45
乙女(おとめ):少女 ···································· 146
おべっか:奉承,谄媚 ·································· 13
おめおめ:恬不知耻 ···································· 59
オランダ:荷兰 ·· 160

(か)
隠(かく)れ蓑(みの):遮羞布,隐身蓑衣 ····················· 103

牙城(がじょう):牙城,根据地 ……………………………………………… 111
型破り(かたやぶり):破例,大胆的 ………………………………………… 11
カルタ:日本纸牌,扑克牌 …………………………………………………… 19
がんじがらめ:捆住手脚,束缚 ……………………………………………… 121
かんしゃく持(も)ち:脾气暴躁者 …………………………………………… 33

(き)

利(き)け者(もの):权利人物,精明人 …………………………………… 78
木賃宿(きちんやど):小客栈 ………………………………………………… 163
きっての:头号的,顶尖的 …………………………………………………… 159
旧家(きゅうか):世家,名门 ………………………………………………… 36
切支丹(きりしたん):天主教 ………………………………………………… 109

(く)

くすむ:黯淡,不显眼 ………………………………………………………… 56
曲者(くせもの):无赖,老狐狸 ……………………………………………… 13
クリスチャン:基督徒 ………………………………………………………… 16
グロ:奇异,怪诞 ……………………………………………………………… 138

(け)

戯作調(げさくちょう):通俗小说类,调侃语气 …………………………… 10
ケチ:吝啬,破旧 ……………………………………………………………… 134

(こ)

ゴーゴリー:果戈理 …………………………………………………………… 11
高踏(こうとう):超逸,清高 ………………………………………………… 76
コーラン:古兰经 ……………………………………………………………… 118
ゴーリキー:高尔基 …………………………………………………………… 116
こぞって:一致,全部 ………………………………………………………… 153
ことよせる:假托 ……………………………………………………………… 102
(ご)破算(はさん):推倒重来 ……………………………………………… 135

193

ゴンクール兄弟:龚古尔兄弟 …… 40
権化:化身,菩萨下凡 …… 104

(さ)

妻子:家室,妻子儿女 …… 46
ざんげ録:忏悔录 …… 47

(し)

しかるに:然而,可是 …… 44
したたかに:坚韧 …… 163
失神する:昏厥,失神 …… 153
シテ役:主角 …… 51
始末する:节约,收拾 …… 121
シャイロック:夏洛克(《威尼斯商人》中的犹太商人) …… 19
しゃがれる:嘶哑 …… 56
入水する:投水(自尽) …… 66
酒保:军营小卖部 …… 104
掌編小説:微型小说 …… 143
女中:女佣 …… 50
女郎:妓女 …… 24
震旦:中国的别称 …… 109

(す)

ストライキ:罢工 …… 117
すねもの:玩世不恭者 …… 85
ずばぬける:超群,出类拔萃 …… 47

(せ)

絶縁:断绝关系,绝缘 …… 159
瀬戸際:紧要关头,危险境地 …… 122
せんずるところ:归根结底 …… 98

注釈語句索引

センセーション:感动,轰动 ……………………………………………………… 167

センセーショナル:轰动的,煽动性的 …………………………………………… 37

(そ)

ゾラ:左拉 ……………………………………………………………………………… 40

(た)

高をくくる:小看,不当一回事 ……………………………………………………… 72

ただ事:小事,平常事 ……………………………………………………………… 126

(ち)

ちっぽけ:极小 ……………………………………………………………………… 133

腸チフス:伤寒 ……………………………………………………………………… 107

(つ)

ツァー:沙皇 ………………………………………………………………………… 11

ツマ:点缀,配菜 …………………………………………………………………… 51

つまるところ:归根结底 …………………………………………………………… 95

ツルゲーネフ:屠格涅夫 …………………………………………………………… 11

(て)

諦観:达观,看穿 …………………………………………………………………… 76

デカダン:颓废者,颓废的 ………………………………………………………… 159

でっちあげ:捏造 …………………………………………………………………… 61

(と)

道化:滑稽,丑角 …………………………………………………………………… 157

土方:土木工,建筑 ………………………………………………………………… 50

どぎつい:非常强烈 ………………………………………………………………… 88

独:德国 ……………………………………………………………………………… 160

徳目:道德类型,德目 ……………………………………………………………… 29

ドストイェフスキー:陀思妥耶夫斯基 …………………………………………… 11

とっぴ:离奇,古怪 ………………………………………………………………… 88

どぶろく：浊酒 …… 51
途方に暮れる：走投无路 …… 13
トルストイ：托尔斯泰 …… 31

(な)

なかんずく：特别,尤其 …… 22
ナチュラリズム：自然主义 …… 41
何分：无奈,到底,若干 …… 16
ならず者：无赖,恶棍 …… 108
成金：暴发户 …… 78
ナンセンス：荒谬,废话 …… 138

(に)

入営：入伍,参军 …… 119

(ね)

猫をかぶる：装傻 …… 103

(の)

のさばる：横行霸道,伸展 …… 16

(は)

ハイカラ：时髦的,新潮的 …… 12
バイロン：拜伦 …… 26
はかない：无常的,虚幻的 …… 146
はからい：斡旋,处理 …… 59
白状する：坦白,承认 …… 152
はしご：梯子 …… 60
歯向かう：反抗,对峙 …… 156
羽目：窘境,境地 …… 23
腹の虫：情绪,怒火 …… 97

(ひ)

引立役(ひきたてやく)：陪衬 …… 50
ひけらかし：炫耀,显摆 …… 72
ひたむき：一心一意,埋头 …… 146
独(ひと)りよがり：自命不凡 …… 105
百姓一揆(ひゃくしょういっき)：农民起义 …… 3
ピラミッド：金字塔 …… 37
ひらめき：闪光,光彩照人 …… 118

(ふ)

フィラデルフィア：费城(美国) …… 6
ふがいない：窝囊的 …… 163
ふしだら：不检点,散漫 …… 58
伏字(ふせじ)：隐去的字,(当局)避讳的字 …… 129
プチブル(ジョア)：小资产阶级,中产阶级 …… 18
仏(ふつ)：法国 …… 160
ふとした：偶然的 …… 20
ブラジル：巴西 …… 164
ふらつく：蹒跚,摇晃,溜达 …… 123
ブルジョア：资产阶级 …… 2
プロレタリア：无产阶级 …… 82
フローベル：福楼拜 …… 40

(へ)

ペルシャ：波斯 …… 134
へんてこりん：奇异,古怪 …… 86

(ほ)

ほくそえむ：窃喜 …… 108
没交渉(ぼっこうしょう)：无关,无来往 …… 40
ホフマン：霍夫曼 …… 26

197

（ま）

紛らす:解闷,遮掩 …………………………………………… 158

マゾヒズム:受虐狂 …………………………………………… 88

マドロス:船员,水手 ………………………………………… 117

間抜:呆笨,傻瓜 ……………………………………………… 52

ままならぬ:不遂人愿 ………………………………………… 25

マラリア:疟疾 ……………………………………………… 161

（み）

身請:赎身 …………………………………………………… 20

三行半:休书 ………………………………………………… 33

水飲み百姓:贫农 …………………………………………… 119

見せびらかし:卖弄,炫耀 …………………………………… 72

見初める:一见钟情 ………………………………………… 19

みっともない:不像样,难看 ……………………………… 133

身の上:身世,境遇,命运 ………………………………… 163

妙:奇怪,格外,奥妙 ………………………………………… 73

未来永劫:永久,永远 ……………………………………… 168

ミル:约翰・穆勒 …………………………………………… 3

（む）

無謀:轻率,欠考量 …………………………………………… 61

無理心中:胁迫殉情、自杀 ………………………………… 23

（め）

めげる:屈服,破损 ………………………………………… 163

（も）

毛頭…ない:根本不〜,丝毫没有〜 ……………………… 14

モウパッサン:莫泊桑 ……………………………………… 40

悶える:郁闷,折腾 ………………………………………… 153

モチーフ:动机,主题 ………………………………………… 87

注釈語句索引

モットー:口号,信条 ……………………………………………………… 7
物乞い:乞讨,要饭 ……………………………………………………… 144
もめごと:纠纷 …………………………………………………………… 94
モルヒネ:吗啡 …………………………………………………………… 158
紋章:徽章,家徽 ………………………………………………………… 140

(や)
焼餅:嫉妒,吃醋,烤年糕 ……………………………………………… 102

(ゆ)
ユゴー:雨果 ……………………………………………………………… 26
湯殿:浴池,浴室 ………………………………………………………… 144

(よ)
用立てる:使用,垫款 …………………………………………………… 20
よこしま:邪恶,不公 …………………………………………………… 34
横綱:横纲(相扑最高级) ……………………………………………… 40

(ら)
ライフワーク:毕生的 …………………………………………………… 96
ラジカル:彻底,激进 …………………………………………………… 15

(り)
リアリズム:现实主义,写实主义 ……………………………………… 8

(る)
ルソー:卢梭 ……………………………………………………………… 3

(れ)
レールモントフ:莱蒙托夫 ……………………………………………… 11
レッテル:标签,(扣)帽子 ……………………………………………… 82

(わ)
ワーズワース:华兹华斯 ………………………………………………… 26

附录

俳句　散策

青空に	指で字をかく	秋の暮	（小林	一茶）
赤い椿	白い椿と	落ちにけり	（河東	碧梧桐）
秋深き	隣は何を	する人ぞ	（松尾	芭蕉）
秋深し	ふき井に動く	星の数	（幸田	露伴）
明ぼのや	しら魚しろき	こと一寸	（松尾	芭蕉）
朝顔や	一輪深き	淵のいろ	（与謝	蕪村）
穴を出る	蛇を見て居る	鴉かな	（高浜	虚子）
荒海や	佐渡によこたふ	天の河	（松尾	芭蕉）
蟻の道	雲の峰より	つづきけん	（小林	一茶）
いくたびも	雪の深さを	尋ねけり	（正岡	子規）
石山の	石より白し	秋の風	（松尾	芭蕉）
磯ちどり	足をぬらして	遊びけり	（与謝	蕪村）
兎も	片耳垂るる	大暑かな	（芥川	龍之介）
うすぐもり	都のすみれ	咲きにけり	（室生	犀星）
うつくしや	障子の穴の	天の川	（小林	一茶）
海に出て	木枯らし帰る	ところなし	（山口	誓子）
梅一輪	一輪ほどの	暖かさ	（服部	嵐雪）

うれしさは	春のひかりを	掌に掬い	（野見山　朱鳥）
易水に	葱流るる	寒さかな	（与謝　蕪村）
枝豆や	三寸飛んで	口に入る	（正岡　子規）
炎天や	逆上の人	もの云はぬ	（芥川　龍之介）
おとゝひの	へちまの水も	取らざりき	（正岡　子規）
斧入て	香におどろくや	冬こだち	（与謝　蕪村）
おもしろうて	やがて悲しき	鵜舟かな	（松尾　芭蕉）
柿食えば	鐘が鳴るなり	法隆寺	（正岡　子規）
学問の	さびしさに堪へ	炭をつぐ	（山口　誓子）
鎌倉を	驚かしたる	余寒かな	（高浜　虚子）
彼一語	我一語	秋深みかも	（高浜　虚子）
枯枝に	烏のとまりたるや	秋の暮	（松尾　芭蕉）
川上の	水静かなる	花野かな	（河東　碧梧桐）
啄木鳥や	落葉をいそぐ	牧の木々	（水原　秋桜子）
桐一葉	日当りながら	落ちにけり	（高浜　虚子）
草山に	馬放ちけり	秋の空	（夏目　漱石）
楠の根を	静かにぬらす	時雨哉	（与謝　蕪村）
草臥て	宿かるころや	藤の花	（松尾　芭蕉）
くろがねの	秋の風鈴	鳴りにけり	（飯田　蛇笏）
桑の葉の	照るに堪へゆく	帰省かな	（水原　秋桜子）
鶏頭の	黒きにそそぐ	時雨かな	（正岡　子規）
紅梅や	枝々は空	奪いあい	（鷹羽　狩行）
蟋蟀が	深き地中を	覗き込む	（山口　誓子）
木枯しの	今や吹くとも	散る葉なし	（夏目　漱石）
木枯しや	海に夕日を	吹き落とす	（夏目　漱石）
木がらしや	東京の日の	ありどころ	（芥川　龍之介）

こんこんと	水は流れて	花菖蒲	（臼田　亜浪）
咲きみちて	庭もりあがる	桜草	（山口　青邨）
淋しさに	飯を食うなり	秋の風	（小林　一茶）
閑かさや	岩にしみ入る	蝉の声	（松尾　芭蕉）
暫時は	滝に籠るや	夏の初め	（松尾　芭蕉）
白樺を	幽かに霧の	ゆく音か	（水原　秋桜子）
白樺に	月照りつつも	馬柵の霧	（水原　秋桜子）
涼風の	曲りくねって	来たりけり	（小林　一茶）
涼しさを	我宿にして	ねまる也	（松尾　芭蕉）
漱石が	来て虚子が来て	大三十日	（正岡　子規）
空豆の	花に遅れて	更衣	（小林　一茶）
大の字に寝て	涼しさよ	淋しさよ	（小林　一茶）
竹馬や	いろはにほへと	ちりぢりに	（久保田　万太郎）
蛸壺や	はかなき夢を	夏の月	（松尾　芭蕉）
旅に病んで	夢は枯れ野を	かけ廻る	（松尾　芭蕉）
父も来て	二度の紅茶や	暖炉燃ゆ	（水原　秋桜子）
露の世は	露の世ながら	さりながら	（小林　一茶）
梅雨晴れや	ところどころに	蟻の道	（正岡　子規）
釣鐘に	とまりてねむる	胡蝶かな	（与謝　蕪村）
天よりも	かがやくものは	蝶の翅	（山口　誓子）
とうろうを	三たびかかげぬ	露ながら	（与謝　蕪村）
亡母や	海見る度に	見る度に	（小林　一茶）
夏嵐	机上の白紙	飛び尽す	（正岡　子規）
夏草に	這上がりたる	捨蚕かな	（村上　鬼城）

附录

夏草や	兵どもが	夢の跡	（松尾　芭蕉）
夏山は	明けつつ月は	野を照らす	（水原　秋桜子）
菜の花や	月は東に	日は西に	（与謝　蕪村）
庭掃いて	出ばや寺に	散る柳	（松尾　芭蕉）
野ざらしを	心に風の	しむ身かな	（松尾　芭蕉）
春雨や	小磯の小貝	ぬるるほど	（与謝　蕪村）
春なれや	名もなき山の	薄霞	（松尾　芭蕉）
春の水	岩を抱いて	流れけり	（夏目　漱石）
日一日	障子の外の	霰かな	（森　鴎外）
蠶の腹	王を呑んだる	力かな	（幸田　露伴）
ひたひたと	春の潮打つ	鳥居かな	（河東　碧梧桐）
冬の水	一枝の影も	欺かず	（中村　草田男）
冬蜂の	死に所なく	歩きけり	（村上　鬼城）
古池や	蛙飛び込む	水の音	（松尾　芭蕉）
降る雪や	明治は遠く	なりにけり	（中村　草田男）
糸瓜咲いて	痰のつまりし	仏かな	（正岡　子規）
蛍狩	われを小川に	落しけり	（夏目　漱石）
牡丹散りて	打ちかさなりぬ	二三片	（与謝　蕪村）
松島や	鶴に身を借れ	ほととぎす	（河合　曽良）
蓑虫の	音を聞に来よ	草の庵	（松尾　芭蕉）
名月や	池をめぐりて	夜もすがら	（松尾　芭蕉）
名月や	露の流るる	鉄兜	（幸田　露伴）
物言えば	唇寒し	秋の風	（松尾　芭蕉）
やがて死ぬ	けしきは見えず	蟬の声	（松尾　芭蕉）

日本近代文学关键词

やれ打つな	蠅が手をすり	足をする	（小林	一茶）
雪残る	頂一つ	国境	（正岡	子規）
ゆく雲に	しばらくひそむ	帰燕かな	（飯田	蛇笏）
行く春や	踊り疲れし	蜘蛛男	（芥川	龍之介）
行春や	鳥啼魚の	目は泪	（松尾	芭蕉）
夜密かに	虫は月下の	栗を穿つ	（松尾	芭蕉）
りんりんと	凧上りけり	青田原	（小林	一茶）